新潮新書

鈴木冬悠人

SUZUKI Fuyuto

日本大空襲「実行犯」の告白

なぜ46万人は殺されたのか

JN018858

917

新潮社

はじめに

わずか1年足らずの間に、少なくとも45万8314人の命が奪われた。

史上最悪とも言える無差別爆撃。その舞台裏が、赤裸々に告白されていた。

「私は、過激なことをするつもりだった。日本人を皆殺しにしなければならなかった」

（カーチス・ルメイ。東京大空襲を実行した第21爆撃軍司令官、アメリカ空軍将校）

ここに、半世紀ぶりに封印が解かれた〝207本の音声テープ〟がある。アメリカ軍内部で行われた聞き取り調査を録音したものだ。対象者は、アメリカ空軍将校246人。合計すると300時間を超える。埋もれてきた歴史の記録を再生すると、生々しい肉声が聞こえてくる。

「空軍にとって戦争は素晴らしいチャンスの到来だった。航空戦力のみで戦争に勝利できると示す機会になる」（ローリス・ノースタッド。東京大空襲を計画した第20航空軍

参謀、アメリカ空軍将校）

彼らは、今から76年前、日本を焼き尽くし、46万人の命を奪った無差別爆撃の〝実行犯〟。アメリカ軍の内部調査に対して、本音や思惑を包み隠さず語っていたのだ。日本を空爆した当事者自らが、その内幕を語る貴重な音声資料。遺された〝声〟を手がかりに、1年に及ぶ取材を行った。

当時、日本の敗色は濃厚で、アメリカの勝利は決定的だった。そのような状況にもかかわらず、なぜ、あれほどまでに徹底した爆撃が行われたのか。

どうして、46万もの人々が死ななければならなかったのか。

一つ一つの証言がパズルのピースとなり、これまで謎に包まれていた日本への無差別爆撃の真相が徐々に明らかになっていく。

太平洋戦争の最中《さなか》、空軍は密かにある野望を抱いていた。「正義と人道」を掲げた裏で、組織一丸となって一つの夢に向かっていたのだ。だが、相次ぐ誤算に見舞われた末に、戦争の狂気に囚われていく。

「我々は日本人が根絶やしになるまで爆撃し続けることができた。彼らがどれだけ耐えられるものなのか」（エメット・オドンネル。東京大空襲を上空で指揮した第73爆撃団

計300時間を超える告白テープ

司令、アメリカ空軍将校）

取材で浮かび上がってきたのは、倒錯していくアメリカ空軍の実像。当初の戦略から逸脱する命令に、現場の指揮官も追い詰められていった。

「私の手を握ってくれる人は誰もいなかった。結果を出さなければクビになる。それはそれは孤独なものだった」（前出、カーチス・ルメイ）

戦争が長引くほどに薄れていく倫理観。現場に丸投げされた責任。その結果、もたらされた凄惨な被害。彼らの証言は、戦争の恐ろしさの一端を浮き彫りにする。

そして、史上最悪とも言える日本への空爆は、圧倒的な空軍力を初めて世界に知らしめた。戦争の行方を決定づけることができる航空戦略は、その後の戦争の根幹を担い、現代に至るまで脈々と受け継がれている。その全ての原点となる思想を生みだしたのは、ある一人の将校だった。

本書は、２０１７年8月に放送したＮＨＫ・ＢＳ１スペシャル「なぜ日本は焼き尽くされたのか」の取材情報をもとに、番組では伝えきれなかった内容を大幅に加筆したものである。半世紀の時を経て、今に問いかけてくるアメリカ空軍幹部の声は、私たちにどんな気づきを与えてくれるのか。東京大空襲をはじめとする、日本空爆の知られざる真相に迫る。

なお、本書のタイトルで使用している「日本大空襲」という言葉は、１９４５年3月の東京大空襲から終戦まで続いたアメリカ陸軍航空軍による無差別爆撃を指している。

本書ではその中でも特に、焼夷弾爆撃とアメリカ空軍独立の関係に焦点を当てている。

日本大空襲「実行犯」の告白　なぜ46万人は殺されたのか　目次

序章　死蔵されていた空軍幹部246人の告白

半世紀ぶりに発掘された〝肉声テープ〟

水の入ったペットボトルを握りしめていた。こまめに水分補給をしないと、高山病のような症状を引き起こすと聞いたからだ。目の前には、白い雪を冠した雄々しく険しい山が連なっている。ロッキー山脈だ。その麓に広がる街、コロラド州コロラドスプリングスは、標高2000メートル近くにある。空気が薄く乾燥しているため、慣れない人は油断すると脱水症状に襲われるという。

私たちは、アメリカ空軍の士官学校を目指し、車を走らせていた。ビルや住宅が並ぶ中心地を抜けると、一面に草原が広がっていた。騒々しい音が聞こえてくる。ふと空を見上げると、4機のジェット戦闘機が白煙を吐き出しながら高速で飛び去っていった。その先にガラス張りの建物群と、大きく描かれた文字が見えてきた。「Air Force

Academy（空軍士官学校）」である。空軍の幹部候補生となるエリートを養成する士官学校の敷地は、とても広大だった。学生が生活する棟や講義棟だけでなく、陸上グラウンドやアメフト用のスタジアムまで揃う。その巨大さは、空軍の力を象徴しているかのようだ。

アメリカ軍の関連施設に近づくと、いつも少し緊張する。自動小銃など普段目にしない武器を携帯する人々が、当たり前のように行き交っているからだ。わざわざ日本から15時間もかけて来たのには理由がある。アメリカ空軍士官学校には、太平洋戦争末期にアメリカ軍が実行した日本空爆の真相に迫る貴重な資料が眠っているのだ。通称「マリーコレクション」と呼ばれる資料群だった。そのコレクションの中に、日本を空爆した空軍将校たちの証言を記録した〝肉声テープ〟が存在していた。しかも、50年間も棚ざらしにされてきたという。その肉声テープの存在を知り、取材許可を得るまでに、私たちは半年近くを費やしていた。

すべてがルメイの責任なのか？

取材を始めたきっかけは、前年の２０１６年に制作した番組だった。「なぜ日本の文化財は戦禍を免れたのか」を探る内容で、アメリカ軍内部に組織された〝モニュメンツメン〟と呼ばれる文化財保護を目的とした美術家たちの活動に焦点を当てていた。〝モニュメンツメン〟は、日本の貴重な文化財を「二度と得がたいもの」として、軍に空爆しないように進言。それらの保管場所まで詳細に調べ上げ、100カ所以上のリストにまとめ上げていた。当時のアメリカは、敵国の文化財に気を配れるほど余裕があったのかと驚くとともに、一つの疑問が沸き上がった。「なぜ、あれほどまでに徹底的に日本を空爆したのだろうか……」。大切な文化財は守るが、人命についてはその限りではない、ということなのか？

そもそもアメリカは、表向き「正義と人道」を掲げて戦っていた。敵国の文化財を保護しようとする活動は、その延長線として理解できる。だが、戦争の勝利が揺るがない状況下では、46万人が犠牲になるような無差別爆撃を行う必要性はなかったのではないか。どうして非人道的な作戦は実行されたのか。何のために、そこまでする必要があったのか。

前年の番組取材を通して、アメリカには、まだ手つかずのまま死蔵されている太平洋戦争中の資料が膨大にあることは分かっていた。この疑問を、当時の敵国だった〝アメリカ側の視点〟から解き明かしたい。アメリカが実行した無差別爆撃の真相に迫るための取材が始まった。

当然ながら、日本の国内にはアメリカ軍の意図や計画の全貌を明らかにするための一次資料は存在しない。取材を深めるためには、アメリカ本土での取材が欠かせなかった。だが、海外での取材となれば、かけられる時間も費用も限られる。まずは、リサーチ項目を絞り込む作業に取りかかった。本や論文、過去の番組などに目を通している中で、いくつか気になることがあった。

一つは、攻撃したアメリカ側の視点から空爆を検証することは、ほとんど為されてこなかったということだ。空爆によって日本にどのような被害がもたらされたのか、その悲惨さや残虐さについては、これまで繰り返し詳細に伝えられてきた。だが、それらの多くは日本側からの視点に軸足を置いた「被害体験」であり、なぜ起きたのかについては国による分析的な研究も行われてこなかったのである。

そして、もう一つは、東京大空襲の〝首謀者〟として悪名高いカーチス・ルメイの存在だ。ルメイは、マリアナ諸島を拠点として日本本土を空爆したB-29の部隊「第21爆撃軍」の司令官だった。だが、ルメイの立場は会社に置き換えると、〝中間管理職〟にすぎない。その〝中間管理職〟が、あれほど大規模な空爆の準備を一人で全て取り仕切ったなどということは当然ありえない。アメリカ空軍という組織をあげて実行したと考えるのが自然だ。それにもかかわらず、ルメイ個人に責任があるかのように描かれるケースが少なくなく、無差別爆撃に至る真相の全体像が分析されているとは思えなかった。問われるべきは、トップの責任ではないのか。

カギを握る空軍の〝社長〟

注目すべきキーマンとして浮かび上がったのが、ヘンリー・〝ハップ〟・アーノルド大将だった。当時のアメリカ空軍の総司令官、つまり〝社長〟である。彼は、１９４１年の太平洋戦争の開戦時から終戦まで、一貫して組織のトップとして君臨し、日本への空爆の最高責任者だった。彼は、いったいどんな思惑を持っていたのか。私たちは、深めるべき取材を「ヘンリー・〝ハップ〟・アーノルド」に絞ることにして、まずは2週間足らずのリサーチへと旅立った。

だが、アメリカでの取材は難航した。はるばる海を渡って10日が経っても、これといった収穫はなかった。全米各地を飛び回り、7人の専門家に会っていたが、アーノルドに関する新たな資料の情報は得られていなかった。アーノルドは、終戦から間もない1946年に軍を退き、それからわずか4年後の1950年に亡くなっていた。戦後すぐに表舞台から姿を消してしまったため、重要な役割を果たしたにもかかわらず、アメリカでも忘れられた存在だったのだ。取材の狙いが的外れなのか、それとも取材方法が正しくないのか。不安が募っていた。

「マリーコレクション」の話を聞いたのは、帰国を翌日に控えた最後の取材の日だった。この日は、バージニア州でアメリカ空軍の戦略爆撃研究の第一人者であるケネス・ウェレルさん（ラドフォード大学名誉教授）のもとを訪ねていた。高齢ながらハッキリとした口調で語るウェレルさんも、笑いながら「70年以上経った今、どうしてアーノルドなんだい？」といぶかしがり、新たな情報は持ち合わせていないと言った。このまま収穫なしで帰国しなければならないのか（正直、それはかなりマズいのだが……）。内心、諦めかけていたときだった。別れ際、玄関先で「ああ、そういえば」と何気なく口にしたのが、マリーコレクションの話だった。

まるで〝これ、忘れ物ですよ〟といった調子で「そういえば、昔、アーノルドを中心とした空軍史を作ろうという動きがあった。かつての空軍幹部に聞き取り調査をしていたはずだ。その記録が残っているかもしれない。貴重な資料に違いないから探してみてはどうだろう」。アメリカ滞在11日目にして、ようやく入手できた〝お宝情報〟だった。もしかしたら、私の顔がわかりやすく落胆していたので、ウェレルさんも〝とにかく何か手土産を……〟と必死に頭の中をひっくり返して情報を探してくれたのかも知れない。本当にありがたかった。

この「マリーコレクション」は、マリー・グリーンというアメリカ空軍に所属していたオフィシャル・ヒストリアンの名前に由来する歴史資料群のことだった。マリー・グリーンは、アーノルドの公式な伝記を編纂するために、1967年から全米各地に散らばる空軍将校たちのもとを訪ねて回り、アーノルドに関する証言を集めていた。直接、彼らの話を聞き、それらをすべてテープに収録していたのだ。貪欲な歴史家だったようで、10年以上の歳月をかけて数多くの軍関係者を丁寧に取材していた。だが、1冊の本にまとめることができないまま、グリーンさんは亡くなってしまう。遺された資料は、一度非営利団体が買い取ったのちに、アメリカ空軍士官学校に収められていた。その資料が半世紀の時を経て、今回の取材をきっかけに封印を解かれることになったのだ。

見向きもされなかった「マリーコレクション」

アメリカ空軍士官学校は、歴代の空軍幹部が残した遺品や手記、内部文書などを保管している。中でも、歴史的な価値が高いものだけが集められているのが、特別資料室と呼ばれる場所だった。私たちが探していた「マリーコレクション」も、その特別資料室に収められていた。

だが、その未公開の資料を手にすることは簡単ではなかった。真正面から申請しても取り付く島もなく、却下された。そのため、前年の番組取材を通して信頼関係を築くことができていた別のアメリカ空軍幹部らに協力を仰ぎ、4カ月かけて交渉した末に、ようやく許可を得ることができたのだった。取材を始めてから半年が経っていた。

セキュリティチェックを終えた私たちは、士官学校の図書館へと案内された。いかにもアメリカ人らしい丸々とした体型の男性が迎えてくれた。図書館長のジェフリー・スコットさんは「わざわざ日本からよく来たね」と笑顔で話しかけてくれた。厳しい監視の下、取材制限を受けるのではと緊張していたため、思いのほか歓迎してくれたことに少し安堵した。「カモン！」と勢いよく歩き出したスコットさんに続き、広い図書館内部を進んでいく。士官学校の学生らが利用する一般閲覧室を抜けた先に、目当ての特別

100を超える資料ボックス

資料室はあった。

鍵を開けて室内に入ると、手を伸ばしても届かない高さの棚が無数に並んでいる。棚には、資料の入ったボックスが隙間なくびっしりと整列していた。棚を前にして、スコットさんがおもむろに説明を始めた。「これが全てマリーコレクションだよ」。驚いた。マリーコレクションは、100以上もの資料ボックスにわたっていた。中身を取り出しながら、スコットさんが続ける。「これが録音されたのは1960年代なんだけど、収録してから今まで一度も再生されていないんだ。ずっとここに保管されたままになっていたんだよ」。

それは7インチのオープンリールテープだった。このテープに、かつてのアメリカ空軍幹部たちの肉声が録音されている。その中には、太平洋戦争末期に行われた日本への空爆作戦に関わった将校たちへの聞き取り調査も含まれているはずだ。

想像していたよりも遥かに多いテープの数に戸惑ったが、間違いなく私たちが探していたものだった。「やっとお目にかかれた」と感慨に浸る私たちに、スコットさんが問いかけてきた。「どうしてそんなに古い時代の戦争記録を大事にしているんだい？　その時代の戦争は、今じゃ古代ローマやナポレオンの戦争くらい役に立たないんじゃないか？」。なるほど。だから、この肉声テープはアメリカで埋もれ続けてきたのかと腑に落ちた。アメリカは、今も戦争を続けている。そんな古い記録は参考にならず、振り返る意味も、その必要もないのだ。

それから私たちは、連日、士官学校の特別資料室に通い続けることになった。「マリーコレクション」には、207本の肉声テープが保管されていた。多くても100本くらいだろうと思っていたので、その量に少し面食らっていた。そして、テープの整理もさることながら、最も問題だったのは、劣化が激しいことだった。なにしろ50年も前のテープが、手入れも何もされないまま埋もれていたのだ。そのままテープの再生機にかけても、まともに音声が聞けないのは当然ともいえる。もっと言うと、そもそも7インチのオープンリールテープの再生機すらなかった。再生機を探すとともに、テープの修復をしてくれる専門家を探した。修復と同時に音声をデジタル化する。実は、音声のデジタル化は、士官学校側に取材許可をもらうときの条件でもあった。こうした作業に2カ月を費やした。

赤裸々に語られる〝野望〟

マリー・グリーンの聞き取り調査に協力していた空軍将校は、じつに246人にものぼった。残念なことに、アーノルド本人の肉声は残っていなかったが、アーノルドを支えていた古参の空軍参謀や日本への空爆を指揮した将校たちが応じていた。彼らは、日本との戦争をどのように振り返っているのか。そこから紐解いていこうと思う。

まず注目したのは、太平洋戦争開戦時のアーノルドの思いを語っている3人の将校の言葉だった。1人ずつ紹介する。

アイラ・エイカー（1896年～1987年、空軍中将）は、アーノルドとともにアメリカ空軍の礎を築いてきたリーダーの1人である。第二次世界大戦では、第8航空軍司令官、地中海連合空軍司令官を歴任した。アーノルドとは古くからの親しい友人であり、側近としても長く仕えた人物だ。空軍の中枢をよく知る彼は、第二次世界大戦が始まる前の記憶を語っていた。

「1936年ころ、私とアーノルドは、すでに第二次世界大戦が差し迫っていることを感じ取っていた。そこでアーノルドとともに本の執筆に取りかかった。将来の戦争に空軍が必要不可欠になることを訴えるためだった。その当時、我々航空軍は、何も持たない組織だった。36年から41年の間、私たちは空軍の独立を望んでいたのだ。アーノルドは、常に自らができることを探し、何でも実行したがっていた。それは、戦争に勝つことや負けることを気にかけていたからではない。空軍が独立を果たすために第二次世界大戦においてどれだけのことができるかを示すことが非常に重要だったのだ」

エイカーの証言の中で繰り返される「空軍の独立」という言葉は、極めて重要な意味を持っていた。あまり知られていないことだが、第二次世界大戦中、アメリカには〝空軍〟は存在していない。陸軍の下部組織に位置づけられ、〝陸軍航空軍〟と呼ばれていた。

では、世界最強と謳われるアメリカ空軍が設立されたのは、いつなのか。実は、1947年。〝戦後〟なのだ。彼らは、日本への空爆の成果を足がかりに独立を果たしている。つまり第二次世界大戦中に、アーノルドが戦争の勝利以上にこだわっていたのは、陸軍から独立することだった。そのための布石として、戦争を位置づけていたことがわかる。アーノルドのそうしたスタンスは、次の2人の証言からも裏付けられる。

ローリス・ノースタッド（1907年〜1988年、空軍大将）は、のちに欧州連合軍最高司令官まで務めた人物である。太平洋戦争中は、陸軍航空軍司令部計画部長としてアーノルドに仕えていた若手の将校だった。戦争が始まった当時のアーノルドの言葉を鮮明に覚えていた。

「アーノルドは、仲間を部屋に集めてこう語りかけた。『空軍にとって素晴らしいチャンスが来た。我々はこれまでの陸軍航空軍としての生活の中でずっと、〝誰か、我々の声を聞いてくれ〟と求めてきた。独立した空軍を夢見続けてきた君たちと、その基礎を築くときがきたのだ。戦争では、ヨーロッパに関わるかもしれない、極東に関わるかもしれない。空軍には無限の可能性がある』。戦争が始まる前、私たち陸軍航空軍の誰もが、空軍を独立させることを強く望んでいたのだ」

のちに太平洋空軍司令官となるエメット・オドンネル（1906年〜1971年、空軍大将）は、開戦当初、アーノルドの直下で実務補佐を務め、太平洋戦争末期にはB

B-29爆撃部隊の司令として日本への空爆計画を現場で指揮していた。直属の上司だったアーノルドは、空軍の力を示すための戦争と繰り返し語っていたと明かしている。

「アーノルドは、独立した空軍を作りあげることについて、とても貪欲な願望を持っていた。なぜなら、アメリカを強い国として維持し続ける方法があるとしたら、それは空軍力こそが重要であると考えていたからだ。この先の戦争は航空戦力のみで勝利を決定づけられると考えていた。航空兵器を適切に使えば、戦争を終結できるということだ。もし仮に我々が日本の上空から爆撃し続ければ、どうなるか。我々は何も犠牲にすることはなく、彼らが死に絶えるまで攻撃を加え続けることができた。どれだけ耐えられるだろうか？　我々は、日本の島から日本人を一掃するということを試みるわけではないが、それで日本に勝利できると言いたいのである。そして実際に、度重なる爆撃によって、日本政府は、その我慢の限界を超えたのである」

彼らの証言から、アーノルドは〝空軍独立〟という野望を掲げて、戦争に望んでいたことが浮かび上がってきた。戦争を「空軍にとって素晴らしいチャンス」と捉え、そして開戦当時から「航空戦力のみで勝利を決定づけよう」と目論んでいたのだ。

なぜ、アーノルドは〝空軍独立〟という野望を掲げたのか。どうして独立することに執着していたのだろうか。その思いの背景には、アーノルドら航空部隊の鬱屈した歩みがあった。

第1章　〝空軍の父〟アーノルドの野望

空軍独立を成し遂げた英雄

「Dismiss!（解散）」

その一言を合図に、1000人の若者たちが一斉に制帽を空へと放り投げた。宙を舞う制帽を目で追うと、視界の先に5機のジェット戦闘機が猛スピードで突っ込んできた。頭上すれすれを飛び去って行く。耳をつんざくような爆音とともに、次から次へと戦闘機が現れる。競うように曲技飛行を披露し、その下で軍服を着た若者たちが大はしゃぎしていた。

アメリカ空軍士官学校の卒業式は〝エア・パワー〟を誇示するかのようにド派手だった。祝辞を述べた空軍長官は、卒業生にこう語りかけていた。「今、アメリカは中東・ISに対して100カ所を攻撃しているが、実にその8割は、私たち空軍が行っている。

明日からあなた方は、アメリカ国家の戦争を中心となって担うのです」。全米から集められた成績優秀者だけが入学を許される士官学校は、毎年1000人の卒業生を幹部候補生として空軍に送り出している。喜び合う卒業生たちは、口々にこう叫んでいた。「アメリカ空軍は世界No.1だ！ オレたちは無敵だ」。32万人で構成される巨大組織・アメリカ空軍は、今も世界各地で力を誇示し続けている。

卒業式に訪れた親御さんたちが、学校の正門付近の広場で列を作っていた。人気スポットで晴れ姿の子どもたちと記念写真を撮っている。写真の中心に収まっているのは、ある男の銅像だった。まるで世界を手中に収めたかのように、地球儀を手にして誇らしげに立っている。銅像となった男の名は、

空軍の父、ヘンリー・アーノルド

ヘンリー・〝ハップ〟・アーノルド。そう、この男こそ、日本の空爆作戦の総責任者であり、私たちが注目した当時の〝社長〟である。アメリカ空軍の独立を成し遂げた英雄として、今は〝空軍の父〟と呼ばれていた。

日本への空爆すべてに関与

アーノルドは、第二次世界大戦中、陸軍の下部組織だった「陸軍航空軍」を率いていた。日本への空爆のすべてに関わっている。12万人とも言われる人々が犠牲となった東京大空襲。さらに戦争末期まで続けた焼夷弾による空爆では、日本の60以上の都市を焼き払った。終戦までに陸軍航空軍の行った無差別爆撃の犠牲者は40万人を超える（原爆の犠牲者を含む）。こうした成果を足がかりに、陸軍航空軍は、戦後、独立する。アーノルドは、航空軍にできることはすべてやり、掲げていた〝空軍独立〟という野望を成し遂げたのだ。

太平洋戦争中に制作されたアメリカ軍のニュース映像を探っていると、アーノルドの映像が残されていた。カメラを真っ直ぐに見据えたアーノルドは、当時までできたばかりの白黒のテレビを通して、アメリカ国民に次のように訴えていた。

「この国を守るために、空軍力は陸・海軍の下の地位に甘んじてはいけない。偉大なる空軍組織が欠かせないのだ」

〝空軍の父〞と呼ばれるヘンリー・アーノルド。彼の果たした役割の大きさを、空軍の幹部たちは肉声テープの中で口々に賞賛している。

「アーノルドは、第二次世界大戦において空軍の独立を勝ち取るためにどれだけのことを果たしてきたか。非常に驚くべきことなのだ。彼は自分にできることを全てやったと思っている。彼のもとで我々は空軍力の真価を示し、独立に大きな寄与をなしてきたのだ」（アイラ・エイカー）

「アーノルドは、私に感銘を与えてくれた。私にとって偉大な上司だったので、とても印象に残っている。他の多くの人もそうだったと思う。彼を見れば、一目で強い男だということが分かる。私にとっての憧れの存在だった。もちろん、空軍独立を成し遂げるためにどれだけ苦労していたか知っていた。だから、彼の功績を賞賛している」（カーチス・ルメイ）

「私は、アーノルドが空軍のためを思って、すごく多くのことを熟考していたことを知っている。彼は空軍を飛躍させる立場にいた非常に重要な人物だった。空軍をより良くすることが彼の原動力だった。彼自身と、彼の仕事への取り組み方を非常に尊敬していた。もちろん、彼は部下に対して厳しい態度で臨み、熱心に働くことを求め、みんながその期待に応えようとした。いろんなお偉方を知っているが、アーノルドに匹敵する人物はいなかったと思う」（エメット・オドンネル）

「私は、様々な上官に仕えてきましたが、アーノルドほど仕えやすかった上官は他にはいませんでした。反対意見を述べることができましたし、また、彼はその意見に耳を貸してくれました。衝動的な人だったので、熱くなりすぎる時はありましたが、いつも相手の話を聞いて、大体正しい判断を下していました」（カール・スパーツ。１８９１年～１９７４年。アーノルドと最も親交の深かった友人で、側近中の側近。戦後、アーノルドの跡を継ぎ、独立した空軍の初代参謀総長に就任する）。

ずいぶんと部下からの評判がいい。こんな〝社長〟が舵取りをする会社であれば、成長するに違いない。風通しも良く、方向性を間違えることもないだろう。しかし、現実には無差別爆撃によって、46万人の命を奪う惨劇を引き起こしている。いったいなぜなのか。

アーノルドの実像に迫ろうと、サンフランシスコに飛んだ。アーノルドの家族が暮らしているからだ。どのような人物だったのか、直接、取材を行うことにした。

ライト兄弟から操縦を教わる

なだらかな丘に沿って、真っ直ぐに道が伸びている。どこまでも続いているかのようだった。道の左右には、見渡す限り葡萄畑が広がっている。とても静かで、穏やかな場所だった。サンフランシスコから車で1時間ほどのところにあるソノマは、カリフォルニアワインの発祥の地だ。レンガ造りの瀟洒な平屋のワイナリーで車を止める。恰幅の良い男性が笑顔で迎えてくれた。ロバート・アーノルドさん。ヘンリー・アーノルドの孫で、ここでワイナリーを営んでいた。ロバートさんは、日本からやってきた我々を歓迎して、自ら醸造した白ワインでもてなしてくれた。自信作だというワインは、酸味があってとてもおいしい。ひとしきり雑談したところで、取材の目的を告げ、祖父・アーノルドのことを教えて欲しいとお願いした。すると、おもむろに1枚の古い写真を見せてくれた。笑顔でうれしそうに飛行機の操縦桿を握る若者の姿が写っていた。

「祖父の若い頃です。とにかく飛行機が大好きな人でした。私たちにも機体を紹介したり、技術的な説明をすることが楽しそうで、いつも話をしてくれていたのを覚えています。祖父には〝パップ〟というニックネームがあり、ハッピー（幸福）から来ています。常に笑顔で、幸せそうだったからです。人を楽しませることが好きで、非常に社交的でした」

ヘンリー・アーノルドは、1903年に父と同じ陸軍を目指し、士官学校に入学した。1903年といえば、ライト兄弟が初めて動力飛行に成功した年で、飛行機にとって歴史的な一歩が刻まれた年である。この4年後、1907年にアメリカ陸軍の中にも、初めて航空部が作られた。アーノルドは、大空を自由に飛ぶ飛行機に憧れ、自ら航空部を志願。そして、ライト兄弟から直接操縦方法を教わった数少ない飛行士の1人となった。

アメリカ軍の最初期のパイロットだったアーノルドは、初めてフライトに成功したときの感動を自伝の中でこう表現している。

「私は初めて空を飛べたとき、『飛行機乗りになれた』と心が躍った。ライト兄弟は私に、不可能なことは何もないという感覚を与えてくれた」

※アメリカ空軍の前身の陸軍航空軍は、発足以来、組織改編に伴う名称の変更が繰り返されている。1907年に「陸軍通信隊航空部」として発足。14年に「通信隊航空課」に改編さ

れる。以降、18年に「陸軍航空サービス」(Army Air Service)、26年に「陸軍航空隊」(Army Air Corps)、41年に「陸軍航空軍」(Army Air Forces)、そして47年9月18日に独立し「アメリカ合衆国空軍」(U.S. Air Force) になる。本書では、41年以前は「航空部」・「航空隊」と総称的に使用し、41年～47年は、「陸軍航空軍」・「航空軍」という名称を使用する。

航空戦力の重要性を確信

当時、航空機は安全性が低く、平時の訓練中でさえ、墜落などの事故はありふれたものだった。そのため、航空部の飛行士の死傷率は5割を超えていたという。それでもアーノルドは、未知の飛行機に魅せられ、のめり込んでいく。ライト兄弟から、エンジンや機体の構造、そして整備要領など航空機の全容を基礎から学び、メカニックも兼務するようになった。曲技飛行、編隊飛行、長距離飛行など操縦技術の向上にも没頭し、1912年には当時の飛行高度の世界新記録を樹立する。軍の草分け的なパイロットになったアーノルドは、陸軍で最初の飛行教官に任命された。

孫のロバートさんは、祖父・アーノルドは早くから飛行機の潜在能力の高さに気付き、いずれ戦争の主役になると考えていたという。

「祖父は、もし飛行機がはるか遠い距離の海を越えられるならば、そして、さらにたくさんの機体が同時に越えていったとしたら何が起こるだろうか。戦争は大きく変わると感じていました」

アーノルドの直感は、現実のものとなっていく。陸上と海上という二次元で展開されていた戦争は、次第に空中を加えた三次元空間へと広がっていったのである。

航空機が戦場に持ち込まれるようになった当初、その主要な任務は、初歩的な偵察や通信連絡だった。アメリカ陸軍の中に組織された航空部も、通信隊の中に作られていた。それが徐々に、戦闘用に使われるようになる。初期は航空機から手投げ弾を投下するという単純で簡素なものだったが、ヨーロッパにおいて、航空兵器として大きく進化していく。

契機となったのは、第一次世界大戦だった。1914年に勃発した第一次世界大戦では、特に西部戦線で陣地と塹壕を巡る〝地域〟の争奪戦となり、1日で数千人の兵士が死傷するような悲惨な戦闘が続いた。塹壕戦では、数百万人の兵士たちが自ら壁となり、それぞれの自国を守る肉弾戦の様相を呈していた。400メートル進むために5万人の兵士を失うという有り様だった。

こうした中、偵察のための航空機は、肉の壁を悠々と越え、敵陣に侵入していった。それぞれ敵国の偵察機を撃退するために新たに空中戦闘や追撃という任務が加わるようになる。当然、航空機から直接敵部隊を攻撃する爆弾投下なども始まり、その戦略的運用が模索されるようになったのだ。

ヨーロッパ戦線に出向いていたアーノルドは、衝撃を受ける。

「戦争で航空戦力が何をなしたか、何ができるのかを初めて思い知った」(自伝より)

地上の塹壕戦を飛び越えて敵陣に侵入できる航空機は、戦争のあり方を変える画期的な兵器になる。アーノルドは、自分たち航空部隊の時代が来たと確信したのだ。

蔑まれ続けた弱小組織

だが、その後、アーノルドの期待と情熱は、行き場を失ってしまう。自国のアメリカでは航空機の有用性が全く理解されなかったのだ。アメリカで発明されたはずの飛行機だったが、軍用機としての発展を遂げていく主戦場は、ヨーロッパへと移っていった。

当時の航空部の状況をアーノルドは嘆いている。

「パイロットを目指す若者は集まってくれた。だがトレーニングするための飛行機を一つも持っていなかった。航空部隊を作りあげようにも、物資、飛行機の不足に頭を悩ませた。体を鍛え準備した若者が、グラウンドに集まり、飛行機もなく、道具もなく、ただ突っ立っている……」（自伝より）

当時、アーノルドとともに辛酸をなめたアイラ・エイカーは、肉声テープの中で、陸軍内部で孤立していったと証言している。

「私たちは、地上の兵力の偵察より、もっと他に空軍力の役割があると何度も訴えていました。それは、敵陣に侵入し補給基地を破壊し、兵器製造工場を叩きつぶす方法でした。しかし、大多数の軍人たちから、空想家や変わり者としてバカにされました。実戦でそれを証明することもできないまま、荒野で一人叫び続けているようでした」

陸軍にとってアーノルドら航空部は、あくまで地上の作戦を〝補佐〟する部隊だった。兵器を輸送し、戦況を偵察・伝達し、空からの攻撃で進軍ルートを手助けしてくれればいい。独自の作戦を実行することは求められていなかった。所属していたアメリカ陸軍の航空部は、長い不遇の時代を過ごすことになる。

それもそのはずだった。アメリカとヨーロッパでは置かれている状況に大きな差があったのだ。まだ航空機が長距離を飛べない時代である。ヨーロッパの国々は、隣国と地続きのため、航空機で敵国に侵攻できるし、逆に襲われる可能性もあった。他国が配備する航空兵器への危機感は、ヨーロッパで軍用機を、そして空軍を発展させていった。

だが、アメリカは、国土の両岸に広大な大西洋と太平洋が広がっている。敵の侵略に備えるには海軍で十分対応できるし、敵国への侵攻は陸軍が担えばいいという伝統的な考え方が根強く、合理的だと思われていた。そのため、〝いったい誰がアメリカまで飛行機で攻めてくるというのだろうか〟と陸・海軍は揶揄していた。アメリカには航空機を軍事利用するメリットが薄かったのだ。飛行機を最初に開発したはずのアメリカだけが、世界の潮流から取り残されていった。

そこに第一次世界大戦後の国内環境も追い打ちをかけた。アメリカは、ヨーロッパの国際情勢から距離を置く孤立主義へ回帰し、悲惨な戦争の反動から厭戦思想も台頭する。陸軍そのものが縮小されていった。さらに、1929年には世界恐慌が起こる。軍事予算は大幅に削減され、陸軍の中でも弱小組織だった航空隊は最もあおりを受けた。当時、3000万ドル前後で推移していたものが、34年には1200万ドル、38年にいたっては350万ドルにまで減少。航空隊の将校も、第一次世界大戦時の10分の1程度にまで減らされた。役割を失いつつあった航空隊の人々は、航空機を使って郵便配達を命じられるほど、粗末に扱われていた。

アーノルドは、この郵便配達の任務に反対していた。悪天候での飛行に対する備えが十分に整っておらず、リスクが高いと考えたからだった。当時の航空隊が保有する飛行機の性能は、すでに民間旅客機のスペックより劣っているケースさえあったのだ。案の定、郵便物を運んでいる最中の事故が60件以上も相次ぎ、12人のパイロットが命を落としてしまった。当時、陸軍内部の弱小組織として味わった屈辱的な日々を、エメット・オドンネルが肉声テープの中で赤裸々に語っている。

「陸軍のやつらは我々航空戦力をハナタレの新興部門だと考え、何も知ろうとしなかった。彼らは、ただ空軍を軽視していただけでなく、いたるところで空軍をおとしめようとしていた。そして、決して空軍を理解しようとしなかった」

のちに東京大空襲を指揮するカーチス・ルメイも、当時の悔しい思いを吐露している。

「空軍の力は一度も適切に使われたことがなかった。空軍力を全く知らない陸軍のほとんどの人が、飛行機を道具としてのみ使いたいと思っていた。だが、どの飛行士も空軍力が国家のために貢献する力を持っていることに気が付いていた」（肉声テープより）

鬱屈した思いが、航空隊の人々の中に蓄積されていった。こうした状況下で、アメリカ陸軍の航空組織のトップに立ったのが、ヘンリー・アーノルドだった。1938年のことである。当時のアーノルドの思いを、オドンネルが証言している。

「私は何度も何度も、空軍の将来について聞かされた。アーノルドは、空軍を独立させる計画がアメリカの弱点を補うことにつながると信じていた。彼は、『戦争は、かつて弓矢で争われていた時代から、今や全く違う性質へと変わってしまった。そして、航空戦力というのは新しい武器であり、柔軟性が非常に高い。しかし、アメリカは持っていたその力を意図的に投げ捨ててしまった』と嘆いていた。アーノルドは、いつも〝どのように空軍独自のアカデミー（訓練機関）を持つか〟について考えていた。彼は、このこと以外に趣味もなく、それ以外のことに興味を持っていなかった」（肉声テープより）

第二次大戦前の空軍力は世界6位

第二次世界大戦が始まる前、1939年時点のアメリカの空軍力の貧弱さは、世界的に見ても明らかだった。当時の各国の空軍力を航空兵器の数で比較すると、ドイツ、日本に大きく水をあけられ、アメリカは6位に留まっている。

世界最強の空軍を保持していたドイツは、8000機もの軍用機を有していた。ヒトラーのもとで、メッサーシュミットなどの戦闘機を次々と開発し量産していた。

当時すでに中国と戦争を行っていた日本は、ドイツに次ぐ世界2位。4000機の航空兵器を所有し、いち早く空軍力の増強を図っていた。一方のアメリカ陸軍航空隊は、わずか1200機。しかも予算が少なく、多くが旧式の航空機のままだった。当然、大量生産体制も整っていなかった。

当時の窮状は、専門家から見ても信じられないレベルで、失笑してしまうほどだと言う。

「1939年に、アメリカ航空隊全体で最新の大型爆撃機をどのくらい保有していたと思います？ 14機です。たったの14機。最終的には第二次世界大戦中にアメリカは何千機も生産しますが、その時点では、わずか14機だけでした」（アメリカ国立戦争大学のマーク・クロッドフェルター教授、航空戦略・空軍史）

航空隊が憂き目に遭っていた背景には、陸・海軍との主導権争いがあった。今も昔も変わらぬ組織内の権力闘争である。航空隊が独立すると予算の配分が少なくなるからだ。さらに航空隊が独自の作戦を展開すれば、航空機による戦略的支援が得にくくなるのは明白だった。20世紀に入ってから誕生した新興の航空隊は、常に抑え込まれていたと、ルメイは証言している。

「私たちは、太平洋戦争の前まで、何も持っていませんでした。まったく戦争の準備ができていませんでした。知っていますか？　陸軍は航空隊に対して、大型爆撃機に費やしているあらゆる努力をやめて、それを一掃して陸軍を直接支援するための小型戦闘機に集中するように命じました。私たち航空隊は、そのことに関して、そして、その他のあらゆることに関して激しいやりとりを交わしていました。海軍は戦艦や航空母艦のために、陸軍も戦車や人員運搬のためにリソースを欲しがっていましたから」（肉声テープより）

功を奏したルーズベルト大統領への直談判

航空隊のトップに立ったアーノルドは、新型の大型爆撃機の導入を望んでいた。当時のアメリカの航空隊の主力爆撃機は、地上部隊の近接航空支援を目的とした中型爆撃機だった。それでは来る戦争で、大型爆撃機を数多く保有する他国に太刀打ちできないと考えていたのだ。

しかし、アーノルドの望みは、陸軍首脳の反対を受け実現しなかった。このままでは陸軍の計画に振り回され都合の良い組織に甘んじるだけだと、アーノルドは危機感を募らせていた。
「アーノルドは、陸軍や海軍から空軍を分離させたいと思っていた。強力な空軍を作るために、独立した空軍組織を作り、独自のアカデミーや制服を持とうとしていた。そのために、周りの人たちとたくさんの諍いをうむことになった。陸軍の多くの人たちは、このアイデアを全くもって好まなかった」(エメット・オドンネル、肉声テープより)
「当時、航空隊と陸軍は、常に争いが起きていた。独立した空軍を認めさせようとする空軍将校は、異動させられるなど不遇な扱いを受けた。新しい戦闘部門を受け入れようとしない陸軍は、かなり我々を押さえつけてきた」(カーチス・ルメイ、肉声テープより)
　軍内部では、聞く耳を持ってもらえない。行き詰まったアーノルドは、思い切った行動に出る。大統領であるフランクリン・ルーズベルトに、直接、航空隊の窮状を訴えたのだ。1939年1月、ルーズベルトが航空隊の飛行基地の視察に訪れていたときだった。
　ルーズベルト大統領は、ただただ驚いた。そして、ゾッとしたという。アメリカの空軍力があまりに貧弱だと知ったからだ。ルーズベルトは、航空兵器の重要性に気付いていた。きっかけは、１９３８年9月のミュンヘン会談だった。ヒトラー率いるドイツに対して、チェコスロバキアのズデーデン地方の領土を譲渡することが合意された。それは、陸軍大国フランスと海軍大国イギリスが、ドイツに屈服したことを意味していた。そして、それを可能にしたのは、ドイツの空軍力だとルーズベルトは見抜いていたのだ。果たして、自国アメリカの空軍力はどうなっているのか。ルーズベルトの恐れていた現実が、そこにあった。

大型爆撃機の圧倒的な不足と増産体制の不備……。アーノルドの訴えと共に、航空隊の悲惨な現状を初めて目の当たりにしたルーズベルトは、自国の危うさをハッキリと認識した。そして、航空戦力を強化することを決心する。すぐに１９３９年の一般教書で、議会に対して陸軍航空隊の増強を訴え、３億ドルの歳出を要請した。アーノルドは、前年の予算３５０万ドルの85倍以上にあたる巨額投資を引き出すことに成功する。

１９４１年6月、陸軍の航空隊は陸軍航空軍として編成しなおされ、そのトップである総司令官にアーノルドが就任した。だが、戦争はすぐそこまで迫っていた。

真珠湾攻撃がすべてを変えた

1941年12月7日（日本時間12月8日）。日曜日の朝だった。

突如、ハワイ・真珠湾基地の上空に300機を超える戦闘機が飛来する。日本海軍攻撃機隊による奇襲攻撃だった。アメリカは、戦艦5隻と400機近い航空機を破壊される大損害を被った。兵士たちの間で休日ムードが広がっていたことに加え、日本軍が本土から6000キロも離れたハワイまで攻めてくるとは、全く予想されていなかった。

日本軍の山本五十六大将は、空母を中心とする機動部隊で太平洋を越え、搭載している航空機で攻撃を仕掛けるという奇策に打って出たのだ。この日本軍の空からの攻撃によってもたらされたアメリカ軍史に残る大損害は、航空戦力の威力をアメリカに強く印象づけた。アーノルドは、当時のことをこう振り返っている。

「予想されていたとおり、真珠湾攻撃のあと、誰もが航空機を求め始めた。いたるところの司令官が、自分の管轄区を日本の攻撃から守るために、航空機を欲しがり始めたのだ。彼らはみな、重爆撃機と軽爆撃機を必要としていた。パトロール機と戦闘機も手に入れたいと言ってきた」（自伝より）

だが、陸軍航空軍には、パイロットの数も、整備員の数も、何もかもが足りていなかった。この機に乗じて、アーノルドは、陸軍航空軍の規模を一気に100倍に拡大する野心的な計画をルーズベルトに提案する。約7万機の軍用機と10万人のパイロットを含む216万人の兵員が必要だとする内容だった。当時のアメリカは過去20年間で生産された航空機の合計が4万6000機にすぎず、いかに途方もない計画だったかがわかる。

陸軍の計画からは完全に逸脱しており、陸軍は〝不要である〟と反対した。海軍も大規模な航空部隊を建設するために費やされる予算を海軍に振り分けた方が良いと主張した。それにもかかわらず、航空軍の荒唐無稽と思われた計画は承認される。実は、アーノルドは、とてもしたたかな軍人だったという。

「政治的な駆け引きが非常に上手で、外交が得意でした。その結果として、どんどん出世していき、航空軍のトップに上り詰めることができたのです。彼のことを引き立てる上司にも恵まれました。ルーズベルトもその1人です」（アメリカ国立戦争大学のマーク・クロッドフェルター教授）

「祖父は、相手が王様であろうが、総理大臣であろうが、大統領であろうが、目的を成し遂げるためには、どんな人にも働きかける人でした」（孫のロバート・アーノルドさん）

アーノルドの腹心の部下で、この計画を策定したヘイウッド・ハンセル（1903年〜1988年、空軍少将）が、承認の舞台裏を肉声テープの中で明かしていた。ハンセルは、太平洋戦争中にアーノルドの参謀を務めるとともに、B-29で日本本土を空爆する第21爆撃軍の司令官を務めた人物である。

「真珠湾攻撃が非常に大きなインパクトを持った。日本のこの攻撃は、とても大きな影響を、かつ非常に興味深い結果を引き起こした。我々は、大統領へのプレゼンテーションを念入りに準備してきたが、結果的に、このプレゼンテーションはあまり時間がかからなかった。他のすべてのプラン、つまり陸軍の計画と海軍の計画はすぐに却下されたのだ。どちらの計画も海軍力に依存した計画だったが、そもそもその海軍が真珠湾攻撃で突如として力を失ったのだから。唯一残ったのが空軍の計画であり、結果として、その計画が動員の基礎として承認されたのだ」

空軍はチャンスをつかんだが……

アメリカ全体が、航空戦争の時代が到来していることにようやく気が付いた。日本の真珠湾奇襲攻撃で対岸の火事ではなくなったのだ。このとき、ヨーロッパでは、空軍力を武器にドイツが破竹の勢いで隣国を侵攻していた。すでに空の戦争は始まっていたのだ。アーノルドは、自分たちの存在価値を示す大舞台がやってきたと考えていた。そして、航空軍にとって太平洋戦争は、組織の独立戦争となっていく。

アーノルド直属の参謀として、日夜、彼をサポートしていた２人の将校が、当時の様子を回想している。

「アーノルドは、仲間を部屋に集めてこう語りかけた。『空軍にとって素晴らしいチャンスが来た。我々はこれまでの陸軍航空軍としての生活の中でずっと〝誰か、我々の声を聞いてくれ〟と求めてきた。そして今、私たちにはこうしたことを理解してくれる大統領がいる。大統領は非常に想像力が豊かだ。独立した空軍を夢見続けてきた君たちと、その基礎を築くときが来たのだ』」（ローリス・ノースタッド、肉声テープより）

「戦争が始まると、アーノルドは空軍の独立を勝ち取るために死にものぐるいで必死にやらなければならないと駆り立てられているようでした。アーノルドにとっての『有益なこと』とは、空軍の発展や空軍の独立に資することを指しました。というのも、彼は空軍の独立は、国のために重要だと信じていたからです」（チャールズ・キャベル、肉声テープより）

開戦と同時に、アメリカ政府は軍事戦略を決定する最高機関・統合参謀本部を設置した。ルーズベルト大統領を長とし、大統領の参謀長ウィリアム・リーヒ海軍大将、陸軍トップのジョージ・マーシャル参謀総長、海軍トップのアーネスト・キング作戦部長が参画。そして、その場にアーノルドも呼ばれた。わずか5名で構成される大統領府直属の最高意志決定機関の一人に加わったのだ。

だが、アーノルドは、年齢も階級も一番下だった。海軍トップからは陸軍の下部組織だとして相手にされなかった。陸軍内部からも「なぜ航空軍の司令官が含まれているのか」と疑問の声が上がっていた。

「これには、海軍も怒っていたし、陸軍側の人間も不満を持っていた。アーノルドは、不意に昇格したポッと出の将校に過ぎず、奇妙な立場にあった。アーノルドは、統合参謀本部に列席することを許されていたが、彼はその列席を不快に感じていて、なじめなかった。実際、統合参謀本部は陸軍と海軍のもので、アーノルドは統合参謀本部の組織が全くもって気に入らなかった」（エメット・オドンネル、肉声テープより）

「アーノルドは、よく『私はもう60歳になろうというのに、陸・海軍の上官たちは〝空軍の坊や〟と呼ぶんだよ』と漏らしていた。『いつになったら大人になれるんだろう』

と。私たちは青二才で、ブリーフィングをしても、彼らには、よく居眠りをされていた。空軍の力を、陸軍や海軍に認めさせるためにも、私たちは戦争で頑張らなければならなかったのだ」（カーチス・ルメイ、肉声テープより）

陸軍や海軍とは組織の規模が全く違っていた。陸軍の地上軍は17万、海軍は14万も兵力を保持しているのに対し、航空軍はわずか2万だった。太平洋を越えて日本を直接爆撃できる長距離爆撃機も持っていない。航空軍が単独でできる計画はなかった。

だが、その航空軍に対し、ルーズベルトは日本への報復を強く求める。「日本本土を爆撃する手立てを一刻も早く考えよ」と檄を飛ばし、作戦計画の立案を命じていた。航空軍は国のために貢献できることを示さなければならなかった。復讐心からルーズベルトは早急に結果を求めていたが、アーノルドは頭を悩ませたという。

「どのように行うべきか。できる限り早く日本への爆撃を行うことが必要だとわかっていても、難しい問題だった」（自伝より）

賭けに出たアーノルド

戦力が整わない中で、アーノルドは賭けに打って出る。独自に作戦計画の立案ができない中、海軍から奇策が持ち込まれたのだ。陸上発進用の双発爆撃機を空母に載せ、日本本土に届く距離まで運び、そこから空爆を実行するという、航空軍のパイロットにとって非常にリスクの高い作戦だった。

陸上発進用の爆撃機は長い滑走路が必要になるが、空母上ではその距離が取れない。熟練した技術がなければ、離陸できずにたちまち海に墜落してしまう。さらに、日本本土まで往復するには航続距離も足りないため、帰還する場所がなかった。計画では、空爆後にそのまま日本上空を通過し、中国大陸へ不時着することを想定していた。計画とは名ばかりの片道切符の出撃だった。それは、空爆戦略史の専門家も驚くような、アメリカ軍史に残る無謀な作戦の一つだったという。

「この空爆は、アメリカが戦時中の大変苦しい時期に冒した、驚くほどリスクの高い作戦でした。しかし、それでもアーノルドは、アメリカの国民に対して、空軍にできることを示すための良い機会であると考えたのです」（アメリカ陸軍大学戦略研究所・首席研究員のコンラッド・クレーン博士、空爆戦略史）

この計画を聞いたルーズベルトは、大いに喜んだ。アーノルドは、リスクを覚悟で、この無謀な作戦を実行することを決断する。航空軍にできることを示し、世論へアピールする千載一遇のチャンスだと捉えたのだ。

ある男に頼るしかないと考えていた。ずば抜けて優秀なパイロットだったとアーノルドは振り返っている。

「世界で最も科学的なパイロットであり、冷静で恐ろしいほどの的確さで、私の求めている答えを空に描いてみせるような男だった」（自伝より）

作戦の指揮を命じられたのは、ジェームズ・ドゥーリットル中佐。肉声テープの中で、当時の思いを語っていた。

「私はアーノルド将軍に会いに行き、クルーの選定と彼らの訓練を監督する仕事を与えられました。日本を爆撃するチャンスではありましたが、それは考えられる中で、最悪の計画でした。海に突っ込むかもしれなかったので……。この任務は、不時着する予定の中国にも教えていませんでした。なぜなら、NOと言われる可能性があったからです。中国は日本からの報復を恐れるかもしれない。そして、日本へ情報が不適切に流れる恐れもありました。中国は、私たちが離陸した後に作戦を伝えられました。この作戦は国内外で最高度の秘密が維持されていました」

成果を上げたドゥーリットル空襲

開戦から5カ月後の、1942年4月18日。日本本土への初めての空爆が実行された。日本近海まで近づいたアメリカ海軍の空母から16機の爆撃機が出撃した。「確率100分の1の自殺的飛行だった」とドゥーリットルは日記に記している。目標としていたのは、東京の兵器工場だったが、結果的に無関係の場所を爆撃。東京を始め、横須賀、名古屋、四日市、神戸などに爆弾を落として飛び去った。初めて空爆を受けた日本では、味方機と思って手を振る市民も少なくなかったと言われるほど、寝耳に水の出来事だった。日本では「ドゥーリットル空襲」と呼ばれるこの空爆で市民80人以上が犠牲となった。

ドゥーリットルが率いた16機の爆撃機は、すべて中国大陸や海などに不時着することになった。どの爆撃機も大きく破損してしまい、多くの仲間を失ったとドゥーリットルは振り返る。

「私の記憶では、海岸に降り立ったパイロットたちは日本軍の捕虜となった。2人は溺れ、3人は死刑に処された。1人は栄養失調によって拘置所で死んだ。4人は帰国することができた。しかし、このミッションは軍事的な価値ではなく、心理的なものであり、

亡くなったパイロットたちは、アメリカのお茶の間の人々に初めての朗報を届け、国民を勇気づけた」（肉声テープより）

日本本土を空爆したパイロットたちは、アメリカに帰国すると英雄のように扱われた。ルーズベルトは喜び、ドゥーリットルを呼び出し、直接労をねぎらった。当時のニュース映像が残っている。生きて戻ったパイロットたちが一列に並び、授与された勲章をアーノルドに首からかけてもらっていた。不可能と思われていた日本への報復爆撃が成功したというニュースは、アメリカ国民につかの間の喜びをもたらし、自信と希望を与えた。アメリカ航空軍は、国民感情に大きなインパクトを残すという目的を果たし、戦争に貢献できることを証明したのだった。

第2章　航空軍〝独立〟への切り札＝B‐29

航続距離の長い最新鋭爆撃機

ドゥーリットル空襲の成功で、アメリカ陸軍航空軍はルーズベルトの要望に応えることができた。しかし、あくまでそれは前代未聞の奇策でしかなかった。アーノルドは、この戦法は2度と使えないと判断していた。持てる技術をギリギリまで駆使して実行した作戦で、貴重な戦力である優秀なパイロットを失った。そもそも空母の甲板から、陸上発進用の爆撃機が全機発艦できたことだけでも、ほとんど奇跡と言っていいことだった。日本の警戒も強まると予想される中で、奇策を繰り返すことは賢明ではなかった。

その一方で、１９４２年の時点では、既存の長距離爆撃機（B‐17とB‐24）で日本本土を爆撃しようにも、航続距離が届く範囲に前線の基地はなかった。この先の戦争で存在意義を証明するためには、より航続距離の長い爆撃機がどうしても必要だった。

実は、このときすでにアーノルドは日本本土空爆のために、切り札の開発に着手していた。それは、のちに日本を焼き尽くすことになる最新鋭の爆撃機だった。その爆撃機を直接この目で見るために、私たちは、ペンシルベニア州に向かった。

第二次大戦航空ショー

現場に着くと、すでに長蛇の列ができていた。人々は、みな軍事コスプレをしている。ペンシルベニア州レディングで開かれた〝第二次世界大戦航空ショー〟は、開演前から大盛り上がりだった。いわゆるマニアの人々が、毎年3万5000人以上も訪れているという。アメリカ軍のみならず、ナチスドイツ軍やイギリス軍など思い思いの古い軍服を身につけていた。乗り付けている車も、古い軍用車。まるで映画の撮影でもやるのだろうかと思うほど、第二次世界大戦当時の空気感がそこかしこに漂っていた。

地方の小さな空港を舞台に行われるこのショーは、ミッドアトランティック・エアミュージアムという地元の博物館が主催している。第二次世界大戦時に活躍していた航空機・軍用機80機以上が、そのままの姿で登場するとあって人気を博している。博物館が収集、修復し、かつての機体が保全されているのだ（全米各地の博物館からも機体が集められ、一堂に会する)。

ショー会場には飛行機だけではなく、軍用車両の四輪駆動車やバイク、戦車が200台以上も揃えられていた。さらに当時の軍のキャンプベースが再現されたスペースなどもあり(それもアメリカだけでなく、ヨーロッパや日本も含めて世界各国の軍のものが揃う)、そのころの生活の様子や流行の風俗まで蘇らせるという力の入れようだった。この日のために2000人近いボランティアが集まり、毎年再現に協力しているという。

日本の機体も2機あった。一つは、九九式艦上爆撃機(D3A)。愛知航空機が生産し、太平洋戦争の初期に活躍していた。アメリカでは、〝Val〟という通称で呼ばれている。もう一つは、九七式艦上攻撃機(B5N2)。中島飛行機が生産し、真珠湾攻撃の際にも投入された機体だ。アメリカでは〝Kate〟と呼ばれていた。

軍用機が空を飛び始めると、集まった人々はカメラを片手にパシャパシャ写真を撮り始める。例えば、爆撃機のB-25は、「ドゥーリットル空襲」の際に空母から強引に出撃させられた爆撃機として知られている。通称は〝ミッチェル〟。爆撃機の中で唯一、空軍将校の名前をもとに愛称が付けられた機体だ。ミッチェルって誰だろうと思うとともに、軍用機それぞれにストーリーがあることが魅力なのだと気付かされる。登場する機体は、いずれも第二次世界大戦で活躍していた有名な軍用機。爆撃機のB-17、B-24、戦闘機のP-51やP-40……。離陸の度に大盛り上がりだった。

総開発費は原爆の1・5倍

こうした機体は、アーノルドら航空軍が第二次世界大戦中に獲得した莫大な予算で作りあげていった航空兵器だ。最大で年間10万機という戦前の20倍以上の生産能力で次々と航空機を生産していき、世界6位から世界最強の空軍へと一気に駆け上がっていった。アーノルドは、いかにして航空機の大量生産を実現したのか。陸軍次官としてアーノルドの実務を補佐し、航空軍の規模拡大や多数の軍用機の調達を監督したロバート・ラヴェットは、肉声テープの中でこう証言する。

「私たちは、自動車製造業界を飛行機のエンジン事業に参入させ、機体事業はこれまで通り、飛行機製造業界に引き続き任せました。当初、飛行機製造業界の人たちは、車を作るような方法では飛行機は作れないということを自動車製造業界の人間に示そうとしていました。大量生産型の自動車製造業界が軍需産業に入ってきたら、戦争が終わった後に彼らが競争相手になるのではないかと恐れたからです。自動車製造業界の方も、車を作るのに忙しくて軍需品の生産に足を踏み入れたくありませんでした。当初は摩擦がありましたが、アーノルドと一緒に間に入って、最終的には彼らは理解し合って、上手くいきました」

アーノルドらは、ボーイング、ノースアメリカン、ダグラス、ロッキードなどの航空機メーカーだけでなく、ゼネラルモーターズやフォード、クライスラーなどの自動車会社を巻きこみ、あらゆる製造業に協力を求めた。さらに、複雑で巨大な生産機構を能率的に動かすための生産管理システムは、ハーバード大学の支援を得て完成させた。まさに、産学官が連携する国を挙げた量産体制を構築していったのだった。

こうした巨大な生産機構によって生み出された数々の航空兵器の中でも、一際人気を集める機体があった。内部を見学できるツアーに参加しようと人だかりができている。並んでいた子どもに話しかけると、人気の理由を教えてくれた。「知らないの？ この飛行機が日本を降伏させたんだ。広島と長崎に原爆を落として戦争を終わらせたんだよ」

超大型爆撃機B-29。人類史上最も街を破壊した航空機だろう。このB-29こそ、アーノルドが日本空爆を成功させるために用意した切り札となる航空兵器だった。太平洋戦

〝20世紀の最高傑作〟と言われるB-29

争末期に、度重なる焼夷弾爆撃や原爆投下に使用され、日本を焼け野原にしたのだ。

全長30メートル、全幅43メートル。全身を金属で覆われたボディは、日を浴びて銀色にキラキラと光っている。B-29は、航空史上に残る〝20世紀の最高傑作〟と言われる。当時の他の航空機と比べると、ずば抜けた性能を持ち〝未来から来た飛行機〟と呼ばれた。その航続距離は、これまでの爆撃機の2倍近くに伸ばし5000キロメートル以上を実現。さらに高度も、当時の軍用機が飛ぶ5000～7000メートルのはるか上空、超高高度1万メートルを飛行した。敵の反撃を受けずに爆撃できる高度1万メートル。どの国も不可能だと考え、製造を諦めた高さを飛ぶ、夢の飛行機だった。

総開発費は、なんと30億ドル。現在の日本円に換算すると4兆円を超える莫大な予算を投じたのだ。原子爆弾を開発した〝マンハッタン計画〟に投じられた総開発費が20億ドルであったことを考えれば、いかに巨額だったか理解できるだろう。

計画は博打だった

アーノルドは、このB‐29に託した思いを部下への手紙に書き残していた。

「長距離かつ大量に爆撃ができる航空兵器・B‐29は、空軍にとって特別な攻撃力となるだけでなく、陸軍や海軍の戦争を補佐するだけの立場から、我々を彼らと同じ立場へと押し上げてくれる。B‐29はそれを可能にする唯一の道なのだ」

アーノルドにとって、B‐29の開発は長年の夢であり、その実現に誰よりも情熱を傾けていた。B‐29の重要性については、肉声テープの中でも、繰り返し語られていた。日本への空爆を実行したアメリカ空軍将校たちの声を紹介する。

「B‐29は新しく、かつ、強力な兵器だった。アーノルドは、このB‐29の開発計画がアメリカ軍、ひいてはアメリカ国家を救うと信じていた。B‐29さえあれば、日本に対して陸軍の力は必要なくなるということだ」（エメット・オドンネル）

「あのＢ－29はアーノルドの夢であり、命だったのです。アーノルドは、Ｂ－29に関して、恐ろしいほど細部まで知り尽くしていました。彼の細かいところを把握する能力は誰よりも優れていました」（ローリス・ノースタッド）

Ｂ－29に関する証言の中に、興味深いものがあった。アーノルドの参謀を務めていた、ヘイウッド・ハンセルの言葉だった。ハンセルは、マリアナ諸島からＢ－29を使って初めて日本を爆撃した部隊の司令官も任された人物だ。ハンセルは、Ｂ－29の開発を決めたアーノルドの決断について、こう語っていた。

「私の知る限り、アーノルドが行った決断の中で最も勇気があったのは、Ｂ－29の採用についての決断である。彼は、この飛行機を作るための工場を建設し、当時その飛行機のプランが未完成で開発がうまくいくかもわからない状況にもかかわらず、Ｂ－29の開発計画が最重要だと決めた。これは当時の状況からすると、非常に大きな賭け、博打だったと言える」

ハンセルは、その開発計画を『非常に大きな賭け』だと語っていた。賭けとはどういうことなのか。調べていくと、それはかなり綱渡りの開発だったことが分かってきた。

高度1万メートルの壁

最大の賭けだったのは、〝時間〟だった。B-29の本格的な開発が始まったのは、1940年。すでに第二次世界大戦が始まっていた。つまり、いつ終わるかわからない戦争に間に合わせなければならないという状況下で、開発が始まったのだ。

通常、大型爆撃機の完成には10年ほどの歳月を費やす。テスト飛行と改修を繰り返さなければ、性能も安全性も担保できないからだ。そもそも戦争終結に間に合わない恐れがあった。しかも、実現しなければならない性能は、過去に例がない〝絵に描いた餅〟のようなスペックだったのだ。

その開発が成功するかどうか定かではなかったにもかかわらず、アーノルドは30億ドルを突っ込む決断を下している。確かにハンセルの言うとおり、『非常に大きな賭け』である。

開発を難しくしていた最大の要素は、超高高度1万メートルの飛行を目指したことだった。裏を返せば、それはB-29の中で最も画期的な性能である。当時の航空兵器は、主に5000～7000メートルを飛行し、この高度で交戦していた。撃墜用の高射砲も、その高度を狙うように設計されていた。一方でB-29は、そのはるか上空を飛行することで、敵機からも地上からも攻撃を受けないことを目論んでいた。だがそれは、どの国も実現できない未知の領域だった。

実現するためには、大きく二つの壁があった。一つは、エンジン。もう一つは、機体構造の新技術にあった。30億ドルという巨額の開発費の大半は、この二つの開発に投入された。

一つ目のエンジンについて簡単に説明する。エンジンは、高度が高くなればなるほど馬力が落ちてしまうという問題を抱えている。その原因は、高高度になるほど酸素が薄くなるため、エンジンの燃焼率が悪くなることだった。問題を解決するためには、酸素を圧縮してエンジンに送り込む技術が必要だったが、この技術は極めて精密な技術力が要求された。

もう一つの機体構造の新技術については、大きく二つの重要な革新について触れておく。

一つは、与圧システムの完備である。従来までの航空兵器とは一線を画すシステムだった。それまでの爆撃機では、操縦席と乗員室は密閉されていなかったからだ。そのため高高度では、機内の気圧・気温が低下する。例えば、高度7000メートル付近では、ときにマイナス50度の寒気と低酸素に耐えながらの操縦を余儀なくされていた。当然ながら、パイロットは酸素マスクの装備はもちろんのこと、電熱ヒーターを体に巻き付けるなど防寒着の着用が必須で、かなり過酷な環境を強いられていた。こういう状態では高度1万メートルの飛行は困難だった。そこで与圧システムを設置した世界初の爆撃機の開発が求められたのだ。

そしてもう一つは主翼の設計である。設計者と技術者たちは、空気抵抗の大問題に直面し苦心した。与圧システムを完備するB-29の機体の大きさは、それまで主力で使われていた爆撃機B-17よりも、一回り大きく、重量は2倍以上もあった。それにもかかわらず、航続距離を伸ばすために大気中を30%も速く進むことが求められていたのだ。

この実現のために、何度も模型の風洞テストなどを行っている。実験には、ワシントン大学、カリフォルニア工科大学など民間の頭脳も最大限活用している。アーノルドは実験の重要性を認識し、「カルマン渦」の発見で有名な航空工学の世界的権威セオドア・フォン・カルマンに相談を持ちかけている。実験を元に設計図は幾度となく書き直された。

ルーズベルトとの約束

開発は困難を極め、実に多くの設計変更が行われた。1940年に試作機の設計が始まってから1942年に最初の試験飛行が実現する日までに、それは分かっているだけで実に1174ヶ所にものぼった。実用までにはさらなる変更が繰り返された。アーノルドは、当時のことをこう振り返っている。

「キャビンの与圧システムは、B-29の極端に高い高度での飛行を可能にしたが、それはとても大きく極めて複雑だったため、製造に入ることが可能になる前に1万回も設計図を書き直さなくてはならず、図面だけで300万ドルもかかった。1000人もの人がB-29の開発のために働いたが、次から次へとトラブルが起き、そのほとんどがエンジンの問題だった。発火するトラブルが何カ月も続き、テスト飛行の最中に発火した際には、乗組員が全員死亡した。その事故によって、この国で最も優秀なパイロットの1人を失ってしまった。しかし、我々は製造を止められなかったし、止めるべきではなかった。私は、この特別な計画を成功させるために航空軍のどこからでも、どれだけ重要な任務についていようとも、B-29の開発計画のために人を割いた」（自伝より）

B-29の生産は、当然ながら遅れに遅れていた。太平洋戦争が始まっても、一向に完成する気配がなかった。いよいよ戦争に間に合わなくなるのではないかと危惧されたのが、1944年3月のことである。B-29の完成期限が1カ月後に迫っていた。進捗状況を確かめるために製造現場を訪れたアーノルドは、真っ青になった。発進できる機体が、1機もないと聞かされたのだ。

「実情を知って、私はゾッとした。ありとあらゆる段階の備品が不足していたのだ。エンジンは機体にフィットしていなかったし、計画を指揮する組織もなければ、管理も指導もない。どの機も飛べる状態になく、非常手段を取らなければ間に合わなかった」（自伝より）

アーノルドには、後に引けない理由があった。ルーズベルトに対し、B-29の実戦配備を約束してしまっていたのだ。

それは1943年11月のことだった。ルーズベルト、チャーチル、蔣介石が集まって開かれたカイロ会談。日本の無条件降伏に向けた戦争方針が話し合われた。この場でアーノルドは、対日戦線へのB-29の投入を提案し、了承されていた。中国・成都にある飛行場からB-29を使って日本本土を空爆するという作戦だった。その期日が1944年4月、1カ月後に迫っていたのだ。

蔣介石はその約束に基づき、期日までに成都に飛行場群を建設していた。もしこの約束を反故にすれば、航空軍への信頼は失墜してしまう。太平洋戦争において航空戦力を見せつける機会を失い、空軍独立の夢は消え去ってしまうに違いなかった。

しかし、状況は最悪だった。組み立てラインを離れた完成機ですら、54もの技術的な問題を抱えていた。電気系統、火器管制装置、プロペラのフェザリング機構、エンジンなど複雑な改修は多岐にわたっていた。それにもかかわらず、改修に必要な部品が製造現場に届かず、組み立て生産が滞っていた。国内各地の工場で分散生産されていた部品は、情報伝達がうまくいかずに倉庫に留め置かれたままになっていたのだ。

アーノルドは、すべての航空機生産計画に優先してB-29を生産することを決める。緊急生産体制のため、ほかの多くの部署から有能な専門家をかき集め、部品メーカーには、B-29に不足している備品や部品類を納入するまでは、他の一切の仕事を中止するように命じた。作業は昼夜問わず続けられた。全米の製造業者を巻き込み、国を挙げて完成を急がせたのだ。

突貫工事の末、約束の期限にB-29を送り出したアーノルド。通常10年ほどかかる新型爆撃機の開発を、わずか4年という半分の期間で行った。だが、その分、故障や不具合は絶えず、テスト飛行を重ねる余裕もないままだった。そして、そのツケは、実戦の場で払うことになる。

B‐29を構想していた男

航空軍の命運をかけて作り上げた夢の飛行機・B‐29。当時の航空技術からすると実現不可能に思えるその航空兵器を、アーノルドはどのように構想したのか。そして、いつから切り札になると考えていたのか。

B‐29の開発準備は、日本との戦争が始まる前から、すでに始まっていたのだ。しかもアーノルドは、全く新しい未来の航空兵器を創造するようなクリエイティブな能力に長けた人物ではなかった。ハンセルは、アーノルドを次のように評価している。

「アーノルドは、創造的なビジョンを描いたり、戦略的な才能を持っていたとは思わない。彼は、大空軍を実現したいと願ってはいたが、夢想するタイプではなく、有言実行の人といった感じだ。人間力に優れた、非常に仕事ができる実務家だ」（肉声テープより）

アーノルドが実務家だとするならば、いったい誰が創造したのだろうか。私たちは、

B-29の発想のルーツをたどるために、ワシントンD.C.に向かった。世界最大規模の蔵書を誇る、アメリカ議会図書館に行くためだ。目的地の周辺は、人であふれかえっていた。大型バスが行き交い、あちらこちらで記念写真が撮影されている。ホワイトハウスや合衆国議会議事堂などが建ち並び、観光客が途絶えることがない。そこは、アメリカの中心地だった。議会議事堂のすぐ近くに、アメリカ議会図書館はあった。威圧感のある、とてつもなく大きな図書館だった。1億点を超える書籍や資料を所蔵しているという。ここで、太平洋戦争以前のアメリカ航空軍や航空兵器に関連する資料を調べることにする。B-29のルーツと関わりがありそうな資料を引き出しては読み込むという作業を繰り返した。とにかく、ここにはあらゆる文書が残されているのだ。

数日後、20世紀前半のアメリカの大衆誌「Liberty」に興味深い記事が見つかった。1932年1月号。タイトルは、そのものズバリ、「我々は日本との戦争の準備ができているか？」。太平洋戦争が始まる10年近く前に発行された雑誌にもかかわらず、すでに日本と戦争になることを予期した記事だった。

挿絵には、無数の爆撃機と、その空爆から逃げ惑う日本人と思われる人々が描かれている。家々は破壊され、子供を連れて裸足で駆け出す親の姿もある。それと、なぜか人力車を押して逃げる男性。日本のイメージだったのだろうか。そして、こうコメントされている。「日本が死ぬほど恐れているのは、我々の空軍である。日本列島は空爆による攻撃の目標として理想的である」。

6ページに及ぶその記事を読むと、驚くべき記述があった。B‐29の原案と言える航空兵器が提唱されていたのだ。

「日本を破壊するためには、3万5000フィート（約1万メートル）の高さを飛び、5000マイル（約8000キロ）の行動範囲を持つ航空機が必要だ。十分な爆弾を積んで、往復することができるだろう。日本はそれを恐れている。日本の都市は、大部分が木材と紙で作られ、空爆の標的として世界がかつて見たことのある都市の中で最も素晴らしい。焼夷弾が直ちに都市を焼き尽くすだろう」

「近い将来、太平洋で戦争が起こる場合、アメリカが巻き込まれることはほぼ確実で、それが自らの存続をかけた戦いになるだろうことを日本人はわかっている」

日本との戦争を見据えて必要だと訴えていた航空兵器は、アーノルドが思い描いていたB‐29のスペックと重なる。高度1万メートル、8000キロの航続距離……。さらには、その先の焼夷弾爆撃までを示唆している。太平洋戦争が開戦する10年も前に、だ。

いったい、誰がこの記事を書いたのか。調べていくと、次々と驚くべき事実が分かっていく。

雑誌に寄稿した人物の名は、ウィリアム・〝ビリー〟・ミッチェル。アメリカ陸軍航空隊の元将校だった。先に結論を言うと、実は、このミッチェルこそ、アメリカ空軍のすべての航空戦術、メンタリティの基礎を築いた人物であった。アーノルドは、ミッチェルのことを深く信頼し、その思想を崇拝していた。ミッチェルの描いた航空戦略を受け継いだと言っていい。だからこそ、アーノルドはB-29を構想し、完成に固執していたのだ。

アメリカ空軍に多大な影響を与えていたミッチェルとは、どのような人物だったのか。

第3章　アメリカ航空戦略の原点・ミッチェル

天才・ミッチェル

その男は、異端児だった。自分で軍服のデザインを手がけ、独自のスタイルの軍服を身につけて粋に着こなしていた。メルセデス社製のスポーツカーを乗り回し、抜群にポロがうまかった。ウィリアム・〝ビリー〟・ミッチェルは、自己顕示欲の強い男で、今でいうところのナルシストだったのだろう。

アーノルドの回想によると「ミッチェルは、お抱えの運転手を後ろに座らせて、田舎道を首が折れるほどのスピードで乗り回していた。彼は、他の将校と同じような歩き方はしなかった。動作の一つ一つに誇りが感じられ、自尊心、直感力、品格など、指導者としての魅力と資質を持っていた」という。ミッチェルは、父親が政治家で、地元では有名な富豪一族だったため、経済的に恵まれた環境で育ってきたことも付け加えておく。

アーノルドとミッチェルは、１９１４年に出会った。航空隊の前身である陸軍通信隊航空課所属の教官パイロットをしていたアーノルドの元に、上司として赴任したのがミッチェルだった。アーノルドは、７歳年上のミッチェルに航空機の専門技術を教え、飛行訓練を施した。初対面ながら２人はすぐさま意気投合して親密な友人関係を築き上げる。この２人の結びつきは、アメリカのエア・パワーの発展にとって極めて重要な役割を果たしていく。

天才、ウィリアム・ミッチェル

ミッチェルが、アメリカの航空部隊の中で確固たる地位を築いたのは、第一次世界大戦のときだった。アメリカ派遣軍の航空隊司令官だったミッチェルは、連合軍の航空隊も含めた総司令官に任命されると、連合軍の猛攻を空から巧みに支援。その功績が評価され、アメリカのみならず、連合国各国から勲章を贈られた。ミッチェルは、アメリカ航空隊のヒーローとなった。アーノルドは、このときのことを自伝でこう振り返っている。

「ミッチェルは、そのとき世界の頂点にいたようだった。有名なピンクのパンツを履き、パッチポケットのついたジャケットを羽織り、パーティーを開けば連合軍のパイロットに取り囲まれて、一座に君臨していた。彼の周りに集まったパイロットたちは、彼のために何でもしてやろうとしていたし、前線の航空隊の若者も同じ気持ちだった。彼は戦争において、自分自身を、そしてアメリカ航空隊をリーダーにした」

この第一次世界大戦の経験を通して、ミッチェルは、航空兵器は将来の戦争のやり方を決定的に変化させる画期的なものだと確信するようになった。空から戦況を偵察したことを振り返り、ミッチェルはこう書き残している。

「私にとって極めて意義深かったのは、死闘を続ける陸軍の前線を航空機なら、わずか数分で横断できることであった。ところが、陸軍は苦戦しており、動くことができず、前進するには力不足の状態に3年間も置かれていた。塹壕の頂部から頭を突き出すことさえ死を招く行為であった。戦争を終わらせることに関する限り、彼らは為す術がなかったのである」

膠着した戦場で、機関銃、戦車、毒ガスの使用により、数百万の兵士が殺戮されていた。国家の総力戦では、多くの命が無駄に消費されているとミッチェルは感じていたのだ。それならば、兵士が盾となって守っている敵国の中心部分を直接攻撃した方が、多くの命が救われるはずだ。ミッチェルは、それを実現できる唯一の手段が航空兵器だと確信していた。

航空兵器の最大の価値は、前線のはるか奥地まで侵入できるという、従来のどのような兵器にもなかった能力である。航空兵器の能力を適切に行使し、敵国の最も重要な心臓部を直接粉砕できれば、戦争をより迅速に、より安上がりに、そしてなにより人道的に終結させることができる。それは人類と文明にとって明らかに利益に適うと考えるようになったのだ。

ミッチェルのこの思想は、航空隊の戦略の根幹となり、その後の発展の基礎となっていく。

航空戦略の基礎とミッチェル・スクール

第一次世界大戦のあと、ミッチェルは次々と自身の考えを発表していく。終戦直後の1919年のレポートのタイトルは、「なぜ空軍省が必要か」である。このときすでに独立した空軍の必要性を提唱し始めていたことがわかる。内容を抜粋する。

「私たち航空部隊は軍事的に確固たる立場を築かなければならない。もし敵が制空権を取ってしまったら、敵方は私たちの重要な中枢に、ほとんど困難もないまま到達し、甚大なダメージを与えることになるだろう。

よく言われることだが、海軍組織の場合、空からの攻撃に対する水上艦艇の自衛能力はほとんど意味をなさない。飛行機は短時間で水上を支配する。私たちが戦うことになる国はすべて、航空部隊の組織を整えている。アメリカだけが、新しい機体を作ることを政府に拒絶されたという状況にあって、航空産業はその存在が消えかかっている。このようなことが起こっているのは、我が国だけである。

航空部隊を他の軍の指揮の下に放っておくことは、その発展を殺すことになる。なぜなら、彼らは単に航空部隊を、主要なものではなく、補助的なものとしてしか見ていないからである。空軍省をもたない国としてアメリカが戦争に参加することが、どのような結果を生むかは目に見える。この先、空軍が支配的な存在になることは疑いない」

１９１９年、第二次世界大戦の20年も前のことである。空軍こそが次の戦争の主役になると、ミッチェルは言い切った。そして、広大な海に挟まれているアメリカの地理的優位は、科学技術の発展に伴い、最終的に航空戦力によって失われるだろうと強い危機感を抱いていた。もし、ヨーロッパや日本が、太平洋や大西洋を横断できる爆撃機を手にしたらどうなるのか。その前に、空軍力を強化してアメリカの防衛体制を整備し、未来の脅威に備える必要があると考えたのだ。だが、ここで述べられていることの多くは、その後も実現されることなく、第二次世界大戦の開戦を迎えることになる。

また、このときミッチェルは、同時に航空戦略についても提唱している。

「最も重要なことは、敵の中枢を戦争の初期に攻撃することである。敵の最前線を支える全ての物資が集中するポイント、基地、鉄道の駅、道路、通信手段、物資の供給路などを攻撃対象とする」

ミッチェルが唱えた航空戦略は、軍隊同士が正面から衝突する前線を航空兵器で飛び越え、その軍隊を支える兵器工場や発電施設など〝敵の中枢〟を直接攻撃することで、戦争を早く終わらせるというものだった。この航空戦略を実行するためには「陸軍の補佐ではなく、自ら指揮権を持つ空軍として独立することが必要だ」と主張したのだ。この航空戦略を基礎として、のちのアメリカ航空軍の戦略は形作られていくことになる。

当時としては革新的だったミッチェルの航空戦略は、若手パイロットたちの心をとらえた。第一次世界大戦での実績、将来の空軍のビジョンを描く能力と情熱により、ミッチェルは、航空隊の中でカリスマ的な影響力を持つようになる。指導者として信奉する集団が生まれ、ミッチェル・スクールと呼ばれた。

その薫陶を受けた若手パイロットたちの名前を見ると、第二次世界大戦時に重要な役割を果たす人物が並ぶ。カール・スパーツ（前出）、アイラ・エイカー（前出）、そして、若手の中心人物だったのが、ヘンリー・アーノルドだった。アーノルドは、ミッチェルの人柄と空軍独立への情熱に強い影響を受け、生涯にわたって熱烈な支持者になった。

「アーノルドは、ミッチェルから多くの航空戦略を教えられた。航空隊は自らの使命を持てているか、航空隊が攻撃の指揮を執るにはどうすればいいのか。そしてその使命は、敵の戦争遂行能力に必要な場所を攻撃し、破壊しようとすることである。戦っている軍隊そのものではなく、彼らの重要な機関がある中央に対してだ。初期の航空隊にいた私たちの多くは、その任務の重要性を認識していた」（ジェームズ・ドゥーリットル、肉

声テープより）

文才に長けていたミッチェルは、軍務の合間を縫って本の執筆にも力を入れた。１９２１年に『我々の空軍』、25年に『空軍による防衛』、28年に『第一次世界大戦の回想』、30年に『航空路』を執筆している。タイトルから分かるとおり、独立した空軍とその重要性を繰り返し訴えた。同時に、多くの講演を行い、新聞や雑誌への投稿を続け、議会でも証言した。

中でも、『空軍による防衛』は、アメリカにおける航空戦略の啓蒙書として読まれ、空軍万能論を主張するミッチェルの名は軍内外に知られるようになっていく。だが、そのことがミッチェルの立場を追い込むことになっていった。

航空隊と海軍の衝突

「空軍こそが次の戦争の主役になる」。この思想は、陸軍や海軍には到底受け入れられないものだった。それにもかかわらず、ミッチェルは度重なる執筆活動や講演を通して、アメリカの世論に自身の考えを強く訴え続けた。誰もが認める第一次世界大戦のヒーローであり、優れた弁論家でもあったミッチェルは、アメリカで最も有名な軍人の１人となっていた。だがその一方で、軍内部で軋轢を生み、孤立を深めていく。

当時のアメリカでは、航空機そのものが未知の兵器であったため、ミッチェルの展開していた航空戦略や空軍力の重要性は、広く理解を得ることができなかった。陸軍の軍人たちからすれば、航空隊は空飛ぶ歩兵でしかなく、1920年の陸軍再編法でも「航空隊は索敵などを主任務とする地上部隊の支援部隊」と規定された。陸軍の一部でしかなく、それ以上のものではないという考えが主流だった。

さらに、当時の政治状況も逆風となった。先に述べたように、第一次世界大戦後にアメリカでは、孤立主義と厭戦思想が広がり、軍事予算が相次いで削減されていた。特に、航空隊という成り上がり者に対する風当たりは強かった。政府と陸軍首脳は、航空隊の要求した予算の3分の1しか認めず、ほとんど関心を示さなかった。

航空隊の副参謀長のポストにいたミッチェルは、予算獲得のために策を練る。標的を定め、削減対象としてやり玉にあげた。それは、巨額の建造費がかかる海軍の戦艦だった。

「戦艦は空からの攻撃に脆弱であり、巨大戦艦の時代はもはや終わった」「戦艦一隻の価格で爆撃機1000機を購入できる」「外洋からの攻撃に対しては、100マイル先までなら陸上の航空隊で国を防衛できる」と戦艦不要論を唱え始めた。しかもミッチェルは、その予算を爆撃機に費やすべきだと主張したのだ。

当然、海軍は怒った。ミッチェルの発言を看過できない挑戦とみなし、ミッチェルを異教徒のように敵視するようになる。海軍の誇りである戦艦は、分厚い装甲で覆われており、いかなる攻撃にも屈することはないと信じられていた。それこそ、航空機による軟弱な爆撃で簡単に沈められるはずはなかった。当時の爆撃機に搭載できる爆弾はせいぜい2000ポンドで、数発直撃したところで十分耐えられると考えられていた。

こうした考え方は当時の常識で、アメリカ海軍ばかりでなく、イギリス、日本を含む各国の海軍軍人、さらには大多数の空軍関係者すら、航空機で戦艦を沈めることは不可能だと見ていた。

それでもミッチェルは、海軍にケンカを売り続ける。議会において「世界最大最強の戦艦も航空攻撃には敵わない」と主張。沿岸防衛は海軍に代わって航空隊が引き受けるべきだとして、そのことを実証するための計画を提出した。その計画は、爆撃機によって戦艦を撃沈する実証実験だった。好都合なことに、当時、標的として利用できる戦艦があった。第一次世界大戦後に、ヴェルサイユ条約の協定によりドイツ海軍から受け取っていた戦艦「オストフリースラント」である。1921年までに廃棄するという条件が付けられていた。

海軍は、別の実験に戦艦を使用する予定だったため、計画に激怒し大反対した。だが議会において、ミッチェルの実験が決着を見るまでは軍艦建造費を凍結することが提案され、海軍は飲まざるを得なくなった。それでも海軍側は、集められる限りの大観衆を集めて、逆にミッチェルに恥をかかせてやろうと目論んだ。海軍長官は、高速で航行中の艦船が空からの攻撃に被弾するはずがないとして「私は是非とも空から攻撃を受けている戦艦の甲板に帽子もかぶらずに立っていたい」と息巻いた。一方、ミッチェルは「我々は、航空機の力を信じない奴らをいぶり出して、どちらが正しいかハッキリさせてやる」と決意を語った。

無視された実験結果

1921年7月。バージニア沖約120キロメートルの海域に、航空機による戦艦爆撃実験の場が用意された。「オストフリースラント」は、排出量2万7000トンの弩級戦艦で、第一次世界大戦の激しい海上戦闘を生き抜いた不沈艦だった。

実験現場では、標的の戦艦の周囲をぐるりと円を描くように、見学者のための軍艦が取り囲んだ。海軍長官ら海軍の首脳、陸軍トップの参謀総長ら陸軍幹部、閣僚、上下両院議員、イギリス、イタリア、日本から来た外国の武官など、多くの観衆が集まった。この実験の様子は、今も映像として残されている。

青空が広がり、風も穏やかな日だった。ミッチェルは爆撃機7機を率いて出撃。それぞれ1発ずつ、2000ポンドの爆弾を搭載していた。

結果は、攻撃開始からわずか21分で明らかとなる。それは衝撃的な光景だった。不沈艦の艦体には、大きな穴が空いていた。高く持ち上がった艦首が、ゆっくりと後方に滑り落ちるようにして海面から姿を消していった。目撃していた誰もが、この瞬間に時代が大きく動いたことを感じ取っていた。

この驚くべき爆撃実験の結果は、すぐに世界中を駆け巡った。イギリス、イタリア、日本では、詳細な報告を元に、新たな航空戦力の戦略策定が進められた。航空攻撃によって戦艦を撃沈させることができるというミッチェルの証明を無視したのは、アメリカだけだった。アメリカ海軍は、実験結果の意義を認めることを拒否した。その理由は、次のようなことだった。

①戦艦は停止しており、回避行動をしていれば爆弾は命中していない可能性が高い。②対空砲火による反撃効果を無視している。③乗員が乗っておらず、浸水対策が全く取られていなかった。

その上で、「航空戦力については、何も決定的なことは証明されておらず、戦艦は依然として艦隊の中軸であり、アメリカ防衛の前線堡塁である」という声明を発表した。

一方で、戦艦撃沈について記したミッチェルの実験結果報告書は無視された。ミッチェルは、ひどく落胆した。戦艦撃沈さえ実現できれば、航空戦力についての自分の考えが正しいと証明でき、世の中に受け入れられるはずだった。だが、現実はそうはならなかった。その後も、ミッチェルの意見は、4年にわたって上層部に蔑《ないがし》ろにされ続ける。

アーノルドは、当時のことをこう振り返る。

「ミッチェルと海軍との争いは、単なる小さな航空隊と、陸軍や海軍の争いではなかった。それは飛行機乗りの心意気を持つ人々と、そうでない人たちとの戦いだった。ミッチェルは自分の意見を広めるために頻繁にメディアを利用した。ドイツの軍艦を沈めた彼の熱心なアピールと、無理解な海軍の首脳たちへの反発は、航空隊と海軍の直接的な戦いだった。その中で、我々は多くの障害を抱えていた。陸軍そのものも障害となっていた。上司たちは、ミッチェルのアイデアについていくことができなかったし、彼をコントロールすることもできなかった。日に日に状況が悪化していくうちに、ミッチェルは、あまり空を飛ぶことがなくなっていった」（自伝より）

「殉教者」が残した思想

1925年10月、ミッチェルは軍法会議にかけられていた。陸・海軍の首脳を無能呼ばわりした罪だった。事の発端は、9月に海軍の所有する飛行船が起こした航空事故だった。雷雨の悪天候の中、飛行を強行したことで、機体を暴風雨に切り裂かれて墜落。乗組員14名が殉職した。この事故に対し、ミッチェルは新聞への寄稿記事にこう綴った。

「これらの悲惨な事故は、陸・海軍両省による国家防衛運営の無能力、犯罪的な怠惰、そして背任といえる行政の直接的な帰結である」。


カール・スパーツは、ミッチェルは意図的に過激な批判を展開したと語っている。

「ミッチェルは、自分が報道機関を使って陸・海軍を貶したやり方は、やり過ぎたと自覚していました。しかし、彼は自分のことなんて心配していませんでした。彼は、未来の航空軍のことだけを気にかけていたので、わざとやったのです」（肉声テープより）

陸軍は「不服従、規律及び軍律違反」の罪でミッチェルを告発した。法廷で対決姿勢を崩さなかったミッチェルは、5年間の給料差し止めと職務停止の判決を受けた。この処分は実質的に、退役勧告をされたも同然だった。それでもミッチェルは、議会での最後の意見陳述でも「最良の国防の構成は、空軍が50％、陸軍が30％、海軍が20％である」と述べ、自らの主張を徹頭徹尾貫いた。そして、失意のうちに軍服を脱ぐ。1926年、ミッチェルは軍を除隊した。

この軍事裁判において、ミッチェルの付添人を務めたのは、アーノルドだった。ミッチェルの教え子たちは、彼を全面的にサポートした。アイラ・エイカーは弁護団の補佐官を担った。カール・スパーツは、証人としてミッチェルを弁護したと肉声テープで明かしている。

「アーノルドも私も、ミッチェルのことを気の毒に思っていました。何度もミッチェルの問題について話し合いました。アーノルドは、ミッチェルに有利な証言をしました。私もそうしました」

彼らの中で、ミッチェルは殉教者のような存在となり、彼の思想は最も大切な教義として航空軍の中で信奉されるようになる。ミッチェル・スクールの面々は、志半ばで潰《つい》えたミッチェルの悲願を実現すべく、冬の時代の陸軍航空隊の発展に尽力し、第二次世界大戦へと向かっていったのだ。ミッチェルが除隊して以降の歴代の航空隊のリーダーたちは、例外なく「航空戦力によって戦争に勝利することができる」というミッチェルの信条を共有し、独立した空軍の創設を目指したのだった。

なぜ、彼らはそれほどまでに強い絆で結ばれていたのか。当時の航空隊が置かれていた過酷な環境があげられる。かつての機体やエンジンは信頼性が低く、常に命の危険と隣り合わせで訓練を行っていた。飛行教育を受けたパイロットの4人に1人が殉職していた時期もある。航空隊の仲間には、他の兵科の将校には到底理解できない経験を共有しているという特別な絆があったと肉声テープで語られていた。

「我々は、ただ一つの大きな家族のようなものだった。いくつかの部隊と戦術学校があるだけで、それが全てだった。距離感は非常に近く、誰かが昇進したりするとすぐに分かったし、同僚の家族についても知っていた。小さくも美しい組織だったんだ」（エメット・オドンネル）

1924年に真珠湾攻撃を予言

陸軍を除隊したミッチェルは、農場を経営するかたわら、生涯をかけて航空戦力の重要性と空軍独立の必要性を訴え続けた。そして第二次世界大戦が始まる3年前の1936年、インフルエンザにかかり、急死した。56歳だった。ミッチェルは、亡くなる1カ月前、自らの思いを語った映像を残していた。真っ直ぐにカメラを見つめ、力強く持論を訴える姿があった。

「陸軍は塹壕を掘って戦うことしかできない。海軍は最初の数週間で航空戦力によって沈められる。今日の戦争で、勝敗を決めるものはなにか。それは敵の中枢を攻撃することができる空軍力だ。空軍力がなければアメリカは負ける。陸・海軍の配下にある空軍など、ろうそく工場に電灯を頼むようなものだ」

ミッチェルの故郷であるウィスコンシン州ミルウォーキーに彼の墓があると知り、訪ねることにした。住宅街の真ん中に、木々に囲まれた緑豊かな一角があった。11万人以上の市民が眠る巨大な一般墓地である。一見すると森のようだ。木漏れ日がやさしい穏やかな墓地の真ん中に、5メートル四方はあろうかという大きな墓石が鎮座していた。ミッチェル家の墓だった。一目で名家とわかる。その脇にある小さな丸い墓石。W・M

と彫られている。ウィリアム・ミッチェルの墓は、想像していたよりも質素だった。そこには、彼を悼む言葉が彫られていた。「ミッチェルは、自分の時代よりも何年も先を歩んでいた。だが、みな、この言葉が真実であることを、しばしば忘れ去っている」

この言葉を送ったのは、アーノルドだった。

アーノルドの孫のロバートさんは、ミッチェルとの絆について、こう語ってくれた。

「祖父・アーノルドは、自分の息子の名前をウィリアム・ミッチェルにちなんでウィリアムと名付けるほど彼を慕っていました。ミッチェルは、祖父にとって生涯にわたって英雄でした。ミッチェルは晩年、アーノルドに『わたしのようになるなよ。君は多くのことを成し遂げ、空軍を独立させる必要がある』と伝えています。そして祖父は、実際にミッチェルの悲願を成し遂げようと、あらゆる努力を惜しみませんでした」

ミッチェルの死から5年後の1941年12月。陸軍航空隊の人々は、ふたたびミッチェルの慧眼に驚かされることになる。17年前にミッチェルが残したある予言が、現実のものとなったからだ。

「ある晴れた日曜日の朝7時半、日本の航空機が真珠湾の基地を攻撃する。海軍の戦艦停泊所、弾薬集積場などを爆撃し、太平洋で戦争が始まる」

この予言は、1924年に書かれたミッチェルの報告書の中に記されている。それから17年が経ち、日本の真珠湾奇襲攻撃が起きた。奇襲攻撃の曜日、時刻、部隊編成、航空母艦の位置まで予測していた。ミッチェルは、なぜ予言することができたのか。実は、軍法会議にかけられる前年、ミッチェルは日本を訪れていた。空軍力を競う時代になれば、必ず日本が敵国として台頭してくるとにらみ、興味を抱いていたのだ。公式な立場では日本に入国できないと知ると、単なる旅行者として妻とともにやってきた。日本海軍の航空母艦と航空戦力の現状を視察したミッチェルは、1924年に300ページを超える長大な報告書をまとめた。

だが、陸軍の中でこのミッチェルの報告書に目を通すものは、ほとんどいなかった。それどころか添えられた論評には「ここに述べられた意見の多くは、航空戦力の威力や重要性について誇張された著者の意見に基づいており、したがって不適当なものである」と断じられている。

組織の中で立場を失った人間の警告に真摯に耳を傾ける者はいなかった。

第4章　航空軍の真価が問われた日本空爆

「攻撃目標は敵国家の心臓部」

迷彩の軍服を着た軍人たちが2列の隊列を組み、私たちのすぐ脇を走り去っていく。その先には広々とした飛行場があった。数十機の戦闘機が等間隔に並ぶ様は壮観である。アラバマ州にあるマクスウェル空軍基地。この基地内にかつてアーノルドら陸軍航空隊が、航空戦術の基礎などを教えていた建物が残されている。1920年に設立された「陸軍航空隊戦術学校」だ。

私たちを案内してくれたダニエル・ホールマン博士（空軍所属のオフィシャル・ヒストリアン）によると、現存する建物は1931年に建て替えられたものだという。

「いま、この建物は空軍大学の本部が置かれていますが、インテリアなども含めて、見た目はほとんど航空隊戦術学校の教室があった1930年代当時のままです」

大理石の敷き詰められたホールに入ると、大きな肖像画が目に留まった。思わず「あっ」と声を上げてしまう。見知った人物だったからだ。ホールマン博士が驚き、笑いながら解説してくれた。

「ウィリアム・ビリー・ミッチェルをご存じですか？　これはミッチェルのオリジナルの肖像画で、第一次世界大戦の頃の姿が描かれています。彼は、空軍にとってとても重要な人物です。アメリカ空軍の父と考える人もいます。ミッチェルが『アメリカは独立した空軍を持たなければならない』と主張したことが全ての始まりです」

1926年に軍を除隊したはずのミッチェル。だが彼の思想は、陸軍航空隊の教義として連綿と受け継がれていたのだ。その証左は、航空戦術を教える教本に色濃く表れている。

1920年の設立初期の教本に目を通すと、次のように記されている。「航空機は、地上軍を補佐する役割を担うのであり、戦争中の攻撃対象は都市ではなく、軍隊である」とある。当時の陸軍の一般的な軍隊観が反映されていた。

だが、ミッチェルが除隊した年、1926年の教本「空軍の協同的使用」では、陸軍への忖度をやめたかのように思い切った改変を行っている。「アメリカの防衛を考えると、〝独立した空軍〟が必要である」と陸軍の意向と真っ向から対立するような考えを盛り込んだのだ。

さらに「戦争時の一番重要な攻撃目標は、敵国家の心臓部である」とし「航空戦力で敵の重要なポイントを破壊することで、戦争は少ない損失で終わらせることができる」と説いている。まさに、ミッチェルが説いていた爆撃理論を継承するような戦術が記されていたのだ。

戦術学校では、こうした考え方を基礎として航空戦術の研究が進められていく。カール・スパーツは、航空隊の存在意義を示すためには、まず理論の発展が重要だったと証言している。

「戦術や理論は、そのときの飛行機が持つ機能よりもずっと先を行っていなければならないのです。そうでなければ、航空兵器の発展など望めませんから。強い空軍を必要としていた私たちは、インパクトのある構想を描くことが大切だったのです」（肉声テープより）

1930年代に入ると、敵国家の心臓部となる重要地点はどこかというのが焦点になった。教官たちは「ある目標を破壊すれば一つの産業の全てを破壊するか、あるいは産業生産の停止をもたらすようなボトル・ネック」の目標を選定するようになり、標的として、輸送網、工場、エネルギー資源などがあげられた。戦争活動を支える経済的・社会的な中枢を破壊することで、敵の戦争遂行能力を奪うことができると考えられるようになっていった。

こうした戦略へと傾倒していった背景には、空軍の予算が削られ、資源が乏しくなっていたこともあげられる。当時、航空軍は〝冬の時代〟を過ごしていたのだ。限られた軍事資源を最大限に有効活用するための方法を探らざるを得ない状況に追い込まれていた。

こうして戦術学校の航空戦術は、軍事施設や工場をピンポイントで狙う戦略に注力していく。それはのちに〝精密爆撃〟と呼ばれるようになり、太平洋戦争中に行われた日本への空爆で実行されることになる。

B-29をめぐる「陸・海軍」対「航空軍」の争い

敵国家の心臓部をピンポイントで狙う精密爆撃は、戦争において、どれほどの効果をもたらすのか。アーノルドら航空軍は、自分たちが追い求めてきた航空戦略を実際に試す機会を待ち続けてきた。それは航空軍の潜在能力を示すとともに、ミッチェルの戦略思想が正しかったことを証明することでもあった。

そして、航空軍にそのチャンスが訪れたのは、１９４４年のことだった。アーノルドが開発を急がせてきたＢ－29が、実戦配備できるようになったのだ。異例の短期間で、しかも最新鋭の超大型爆撃機を開発する無謀とも言える計画。アーノルドは、30億ドルを賭けた〝大博打〟に勝ち、ついに日本本土への空爆を実現する唯一の切り札を手にしたのだった。敵の反撃を受けずに爆撃できるＢ－29ならば精密爆撃を実現できる。最大のネックだったエンジンは、安全性が確保されたと言える状態ではなかったが、対日戦線に間に合わせることが最優先された。

「アーノルドは、太平洋における日本との戦いで『よし、空軍力で単独勝利を勝ち取ろう、日本への上陸を行うことなく、私がＢ－29を使い、陸軍が必要とならないように確実にやってやる』と決心していました」（アメリカ国立戦争大学のマーク・クロッドフェルター教授、航空戦略・空軍史）

航空軍の真価が問われることになる実戦の場、それが日本への空爆だった。

太平洋戦争が始まってから、２年あまりが経っていた１９４４年。戦況はアメリカ優位に形勢逆転していた。開戦当初こそ、苦しい戦いが続いたアメリカだったが、ミッドウェー海戦、ガダルカナル島を巡る攻防に勝利。アリューシャン列島を占領し、ニューギニアも制圧する勢いだった。物量と兵器の差で圧倒し、国力の違いを見せつけるアメリカ軍は、日本本土へと着実に迫っていた。

この頃、アメリカ軍は、日本の支配地域を3つにわけて、地域ごとに作戦司令官を置いていた。南西太平洋方面は、陸軍のダグラス・マッカーサー大将。陸軍参謀総長まで歴任した重鎮だった。中部太平洋方面は海軍のチェスター・ニミッツ大将。太平洋艦隊司令長官を務めていた。中国方面は、陸軍のジョセフ・スティルウェル中将。国民党軍を支援して多くの日本陸軍を中国に釘付けにする作戦を展開していた。

マッカーサーとニミッツは、陸・海軍の威信をかけて、どちらの軍が早く日本本土へ上陸できるか、競い合っていた。この2人の関係は、公の場でののしり合うほど険悪で、犬猿の仲だとよく知られていた。そのため、互いに調整することなく、独自の作戦を展開していた。

こうした中で、航空軍が戦果を上げるには、B-29を使って日本本土を直接爆撃するしか方法がなかった。そのための拠点として、アーノルドが目を付けていたのが、マリアナ諸島だった。サイパン島、グアム島、テニアン島からなるマリアナ諸島は、日本から往復で約4800キロメートルの距離にある。航続距離5000キロメートルを超えるB‐29ならば、日本本土のほとんどを射程圏内におさめることができた。是が非でも手中に収めたかったマリアナ諸島。アーノルドは、統合参謀本部で、日本軍が統治していたマリアナ諸島の占領を訴えていく。

「我々の主張は、B‐29の基地としてマリアナを占領してほしい。そうすれば、日本本土に対して、直接、戦略的な爆撃を行うことができるというものだった」（ヘイウッド・ハンセル、肉声テープより）

1944年6月。ニミッツら海軍を主体として、マリアナ諸島の攻略作戦が始まった。マリアナ諸島は、ニミッツの本土上陸作戦のルート上にあり、ニミッツにとっても攻略が欠かせない拠点だったのだ。作戦開始からわずか2カ月ほどで、ニミッツはマリアナ諸島を占領する。そして、すぐに飛行場の建設が始まった。だが、ここでアーノルドに思わぬ問題が降りかかる。B‐29の運用方法についてだった。実は、B‐29の開発計画は、特別プロジェクトとして立ち上がったため、アメリカ軍のどの組織が指揮権を握るか、決まっていなかった。そのため、日本に迫っていた陸軍のマッカーサーも海軍のニミッツも最新鋭の大型爆撃機・B-29の指揮権を欲しがったのだ。

「マッカーサーは、アーノルドがB-29を自分に譲るだろうと思い込んでいた。マッカーサーは、自分が太平洋戦争においてアメリカ軍を率いている男だと自負していたからだ。もちろん、海軍のニミッツはニミッツで、自分がアメリカ軍を率いていると考えていた」（カール・スパーツ、肉声テープより）

「太平洋の海域にB-29を導入するというのは、非常に難しく、デリケートな問題だった。陸・海軍どちらの司令官も航空戦力を分割して、自分たちの戦域に割り振ろうと画策していたので、航空軍が指揮権を手にできない可能性について非常に深刻に受け止めていた。私たち航空軍にとって、日本本土にプレッシャーをかけるための唯一の方法がB-29を使った空爆計画だった。それ以外には方法がなかったのだ」（ヘイウッド・ハンセル、肉声テープより）

特にマッカーサーは、強く要求していた。着手していたフィリピン攻略作戦の中で、陸軍の侵攻を補佐する役割として使いたいと目論んでいた。一方のニミッツも、B-29を使って、自分たちの目先の攻撃目標を空爆することで効率よく進軍したいと考えていた。だが、アーノルドら航空軍にとっては、独自の成果を上げるためには、B-29の指揮権を得て、直接日本本土を空爆するより他に方法がなかった。

「B-29をマッカーサーに渡せば、彼は海軍のニミッツの部隊の攻撃目標を一足先に爆撃して、海軍の手柄を横取りしようとするだろう。ニミッツに渡せば、やはり同様の使い方をするだろう。B-29は、日本本土への直接爆撃に用いるために開発したのであり、そのためには私が直接指揮するしかない」（アーノルド自伝より）

指揮権を手にしたアーノルド

アーノルドは、B-29の指揮権を自分が握るため、陸・海軍の指揮命令系統から切り離す異例の体制づくりに尽力する。だが、マッカーサーやニミッツのような重鎮は、自分の力だけでは説得できなかった。政府や軍の要人のもとを走り回り、自らにB-29の指揮権を委ねて欲しいと頼み込んだ。

「アーノルドは、陸・海軍のトップやルーズベルトなどに『結果を出すので任せてください。私は信頼できる人間です。B-29が必要なときには陸・海軍に協力します。何か問題が発生した場合は、私が責任を取ります。この戦略的な航空兵器であるB-29は、陸軍や海軍といった縦割りの軍事部門が管理する類いのものではなく、航空軍が一括し

て指揮するべきものです』と訴えました」（マーク・クロッドフェルター教授）

アーノルドと共に関係各所に根回しをしていたハンセルは、海軍の翻意が決め手だったと明かしている。

「陸軍と海軍の承認が必要だったが、どちらもこのようなことには肯定的ではなかった。だが、最終的には、最も予期していなかったところからの支持を得た。それは海軍トップのアーネスト・キング提督からの支持だった。私たちはキング提督に『我々のコンセプトは、海軍の作戦のコンセプトと非常に類似しています。我々なら、もし別のアイデアを持つ陸軍の指揮官に邪魔されそうになっても、作戦を分けておくことができます。我々はB-29は統合された戦略指令の下にあるべきだと考えています。そう、あなたが指揮している海軍の艦隊のように。我々は、アーノルド将軍を同じような地位に就けたいのです。そうすることができれば、いざという時に海軍をサポートすることもできるでしょう』と伝えた。するとキング提督は『それは非常に意義深いことだと思う』と返答してくれた。海軍の後ろ盾を得られて、アーノルド将軍は非常にうれしそうだった」（肉声テープより）

ハンセルは、戦果を競い合う陸軍を引き合いに出しながら、海軍にとってもメリットがあることを強調することで、海軍トップのキング提督を説得した。そして最終的に、航空軍が独自の空爆作戦だけでなく、陸・海軍の攻撃のサポートもすることを条件にアーノルドは指揮権を手にしたのだった。30億ドルという巨額の開発費をかけたB‐29運用の全責任を負うことになった。ルメイは、B‐29の指揮権を握った功績は計り知れないほど大きいと手放しで賞賛していた。

「それは、アーノルドが成し遂げた素晴らしい成果だった。なぜなら、のちに自分自身も統合参謀本部とのやりとりを経験してみてわかったことだが、アーノルドがそのときにどれだけ難しい交渉をしていたのか、理解することができたからだ。当時は、陸軍も海軍も誰もがB‐29の指揮権を欲しがっていたが、それを手に入れたあとにどう扱っていいのかが全くもってわかっていなかった。統合参謀本部の中でやりあい、B‐29の指揮権を手に入れられたのは、最大の成果だった。アーノルドは、奇跡を起こしたのだ。文字通り、奇跡である」（肉声テープより）

アーノルドは、B‐29のみを装備した第20航空軍を新たに立ち上げ、自らが司令官に就任する。それは、ワシントンにいながら戦地の指揮を執るという前例のない措置だった。

「精密爆撃」を実戦で試す機会

苦心の末に、B-29の指揮権を手にした航空軍。日本本土への空爆が、いよいよ始まろうとしていた。最初の拠点は、マリアナ諸島の一つ、サイパン島だった。滑走路の整備が急ピッチで進められていた。世界最大の爆撃機の重量に耐えられるよう、滑走路の下には大量の砂利が必要となった。膨大な珊瑚礁が掘り出され、粉々に砕かれて敷き詰められた。陸軍の工兵隊や海軍の建設大隊による作業は、昼夜を問わず続けられ、B-29の受け入れ体制が整えられていった。

マリアナ諸島に初めてB-29が到着したのは、1944年10月12日のことだった。記念すべき第一号機で、日本への空爆を指揮する現地司令官がやってきた。ヘイウッド・ハンセルである。アーノルドは、現地のB-29部隊・第21爆撃軍の司令官に、最も信頼する参謀将校を送り込んだ。ハンセルは、この戦争に必要となる航空機の数や人員などの計画を策定した人物で、アーノルドの腹心だった。航空戦略についても卓越した見識を持っていた。

ハンセルには、ある重要な任務が与えられていた。それは、B-29の指揮権を航空軍に委ねた統合参謀本部から下された命令だった。陸軍のレイテ作戦と期日を合わせて日本を空爆する計画で、相乗効果を狙っていた。作戦の遂行期限は、11月15日。この命令の実行は、最重要任務とされた。大見得を切ってB-29の指揮権を手にした航空軍は、早速その手腕が問われることになった。ハンセルは、自分に託された責任の重さを痛感していたという。

精密爆撃論の第一人者でもあったハンセル

「日本に対する最初の空爆作戦計画は、『サン・アントニオ1作戦』と呼ばれた。これは統合参謀本部の戦略と連動しており、そのためタイミングが非常に重要になった。事実として、我々はこの作戦と運命をともにしていた。我々の爆撃軍は、この作戦が実行できるのか、かなり懐疑的に見られていた。誰か他の者が担当している重要な戦域で運用したほうがいいという考え方が

あった。もし上手くやれなければ恥になる」（肉声テープより）

ハンセルが日本への空爆で実行しようとしていたのが戦術学校で研究が進められていた〝精密爆撃〟だった。精密爆撃とは、軍需産業や発電施設など敵国の主要な社会・経済的機能である〝敵の中枢〟をピンポイントで爆撃し破壊することで、戦争遂行能力を奪う作戦である。ハンセルは、かつて航空隊戦術学校の教官として精密爆撃論を練り上げた第一人者であった。

「私は主に経済に主眼を置いており、それは国々が依存しているものや戦争遂行能力を支えるために必要としているものについての分析である。空からの攻撃に弱いものの分析や、どのような国を空から攻撃し、効果はどのくらいかといった分析も行った。我々の考えは、アメリカにおける航空戦力の最初の明確なアプローチだった」（ヘイウッド・ハンセル、肉声テープより）

開戦の2年前、1939年の戦術学校の講義録には、こう記されている。

「日本の経済的、政治的、そして軍事的構造を航空攻撃の目標として分析することを目的とする。日本は我々の敵で、我々は持ちうる能力を使って、最大の成果を上げるのだ」

１９３９年の時点で、すでに航空隊戦術学校は日本を仮想敵国に据えて、空爆目標の研究を進めていた。その上で、精密爆撃の重要性を説いている。

「航空軍の究極的な使命は、経済的な構造などの決定的な要素を破壊することである。敵の国家領域の中にある重要な中枢までたどり着き、破壊するために、並々ならぬ能力を最大限使用する。戦略的な攻撃を行うことによって航空戦略の目的を果たすのだ。日本は高度に産業化されている近代国家で、それゆえ、一般的には特に航空攻撃に対して脆弱である。決定的な要素の破壊は航空作戦によって成し遂げることができる。そして、これは日米戦時における国家目標に重要な寄与をなす」

この頃、精密爆撃の理論を実現するために欠かせない爆撃照準装置も開発されていた。ノルデン爆撃照準機と呼ばれる軍の最高機密とされた装置である。照準器を安定させるためにジャイロを使用。風の流れや飛行高度、爆弾の種類などをセットすれば、自動計算で正確な爆撃が行える画期的な照準器だった。最先端の技術が詰め込まれたノルデン爆撃照準器があれば、簡単な操作で精密爆撃が行えると、テストや訓練が繰り返し行われていた。

大統領が掲げていた人道主義

航空軍の〝頭脳〟であったハンセルが追い求めてきた精密爆撃。この戦略で敵国の中枢を的確に爆撃することができれば、一般市民の犠牲を最小限に抑えることができる。その実現は、航空軍にとって非常に重要なポイントだった。大統領のルーズベルトが人道主義を掲げていたからだ。ルーズベルトは、一般市民への空爆を禁じた国際的な「空戦規則」（※ハーグ空戦規則案）の遵守を意識していた。規則では、一般市民（非戦闘員）を威嚇したり、傷つけたりすることを目的とした空爆を禁止していた。また、爆撃の標的を「軍事目標」（軍隊、軍事建設物、兵器などの軍需品製造工場など）に限り、それ以外への爆撃は違法と規定していた。この規範に則り、ルーズベルトは、日本やドイツが行っていた無差別な都市爆撃を非難し、それを打倒することを戦争の大義名分にしていたのだ。

アーノルドは、ルーズベルトの姿勢に呼応するように、国内世論に対して精密爆撃の有益さをアピールしていた。航空軍全体への指令でもアーノルドは次のように明言している。

「我々航空軍の任務は、軍事目標への精密爆撃である。優れた精度で爆弾を投下できる

装置を開発し、望ましい結果を出す能力を得た」（アメリカ空軍・内部文書より）

ハンセルも、アーノルドから精密爆撃の実施を求められていたと語っている。

「我々の第一の仕事は、設定された目標を破壊することだった。それはまさに精密爆撃のために設定された目標だった」（肉声テープより）

アーノルドからハンセルへ下された最初の指令は「日本の航空機生産施設を徹底的に叩くこと」だった。ハンセルは、自ら練り上げた精密爆撃の成功に向けて準備を進めた。

※ハーグ空戦規則案……第一次世界大戦後に、空爆の規制についての法の不備が指摘されたことに端を発する。１９２２年に日本・アメリカ・イギリスなどの法律家が集まったハーグ法律家委員会にて、「空戦に関する規則案」が作成された。条約として批准されたものではなく、「案」に留まっていたが、各国の空戦規範ないし指針として機能していたので、国際慣習法として定着していた。

ミッチェルに心酔していたディズニー

B-29による日本への精密爆撃。実は、アメリカ国民からの期待も高まっていた。１

943年にこんな映画が制作されていたのを知っているだろうか。タイトルは『空軍力による勝利（Victory Through Air Power）』。戦争に勝つためには、空軍力が必要だと訴えるプロパガンダ映画なのだが、制作者を聞いて驚いた。あの、ウォルト・ディズニーだったのだ。

ディズニーは、国民や政府に空軍力の重要性を訴えようと、自ら映画を制作し、せっせと航空軍の宣伝をしていた。映画は、ディズニーらしい柔らかなタッチのアニメで描かれていながら、内容はなかなかにえげつない。

敵国である日本の地図を指差し、標的を明確にしたかと思うと、戦闘機が日本を目指して出撃する。その数がとにかく尋常ではない。画面の右から左へ次々と、まるでニコニコ動画のコメントの嵐のように、飛び去っていく。そして日本の都市の上空に着くと、爆弾が雨あられと落とされる。無数の爆発の閃光と黒々とした煙が画面を覆い尽くした。飛行機工場などの重要産業や、発電施設、ダム、石油備蓄施設などのインフラが粉々に破壊される様子が次から次へと映し出される。ちぎれた戦闘機の尾翼や廃墟となった工場が丁寧に描かれ、画面全体が炎に包まれていった。無慈悲な映画である。

ナレーションは「空軍力は、敵の中枢に直接飛ぶことができ、敵の力を無効にする。

映画『空軍力による勝利』の一場面

都市を破壊し、水路を断ち、食料の供給を寸断することで抵抗力を失わせる」と長距離爆撃機の有用性を説き、敵国本土への戦略爆撃の必要性を訴える。航空軍の戦略と瓜二つの文言だ。さらに、恐ろしいことを言ってのける。「飛行機の広大な飛行範囲と破壊力は、地球上全てを戦場に変える。兵士と一般市民を隔てるものはなくなる」。

兵士と一般市民を隔てるものはないとは、まるで無差別爆撃を肯定するかのようである。映画が描く世界は、その2年後に実行される東京大空襲を想起させるものだった。

当時、ディズニーは、ある航空隊将校に心酔していた。映画の冒頭は、その航空隊の将校への献辞で始まる。

「私たちは、常に先見の明と勇気を持った人によって、困難から抜け出す道を示してもらい、救われてきた。その男は、現在の日本との死闘を予見していた。彼は必死になって私たちを目覚めさせ、問題に備えようとしていた。しかし、無視され、嘲笑されてきたのだ。その男の名は、ウィリアム・ミッチェル将軍である」

なんとディズニーは、ウィリアム・ミッチェルの信奉者だったのだ。ディズニーは、開戦後にミッチェルの存在を知り、その航空戦略に感銘を受けた。映画には、生前のミッチェル本人の演説が差し込まれている。

「今日の戦争は、第一次世界大戦とは大きく異なっている。今、空軍力は、軍の作戦において、主要な戦力になっている。敵の中枢に直接飛ぶことができるのは、空軍力だけである。敵の戦力を奪い、都市を破壊することができるのだ」

ディズニーは熱烈な愛国者であり、ミッチェルの戦略を広く知らせることが戦争の勝利に結びつくと考え、採算を度外視して映画を企画したのだった。

アメリカ陸軍航空軍自体も、戦争期間中、人員のリクルートと予算獲得のため、盛んに広報活動を行っていた。プロパガンダニュースも数多く制作している。アメリカ国内で、日本本土空爆への期待が日に日に高まる土壌を作っていたのだ。

第5章　机上の空論だった精密爆撃

誤算に次ぐ誤算

航空軍の真価が問われる、日本本土への空爆作戦。ハンセルは、その試金石となる任務を遂行すべく、サイパン島で準備に追われていた。統合参謀本部から命じられた作戦の決行日は、11月15日。準備期間として与えられたのは6週間だった。B-29の指揮権を航空軍に与えて正解だったと思わせるには、失敗するわけにはいかなかった。だが、現実は、想像以上に厳しかった。作戦を成功させようにも、乗り越えなければならない問題が山積みだったと、ハンセルは打ち明けていた。

「サイパンに到着して、私はひどくがっかりした。2本あるはずの滑走路は1本だけで、その長さも予定よりも短かった。整備場や修理施設はテント張りで急ごしらえされたものので、爆弾集積所、駐車場、燃料貯蔵所はあるにはあったが、見たことがないほど粗末な造りだった。間に合わせのキャンプを設営し、そこで暮らしながら24時間交替で働き、初出撃を目指した」（ヘイウッド・ハンセル、肉声テープより）

また、攻撃対象の日本についての情報も不足していた。標的としていた日本の航空機生産施設の正確な場所を把握できていなかったのだ。さらに、作戦を行うための部隊の乗組員の再教育も急務だった。あまりに期待外れな実情に、ハンセルは失望を隠せなかったという。

「彼らは、日中の精密爆撃の方法や陣形を組んで飛ぶ方法、そして巡航制御方法を学ばなければならなかった。彼らは、精密爆撃を成功させる技量を持ち合わせていなかった。その上に、B-29の航続距離も大きな問題だった。我々航空軍が統合参謀本部にマリアナ諸島の占領を強く迫ったとき、その爆撃計画は理論的な航続距離に基づいたのであって、B-29の機体それ自体によって実証されてはいなかった。マリアナ諸島から日本本土の目標への往復を成し遂げるために、机上の空論でこしらえられた性能かもしれないとすら思っていた。そのため、陣形を組んで飛ぶということは、この状況を更に難しいものにする課題だった。陣形を組んで飛べばガソリンの消費量は増えてしまうからである。巡航制御を維持することは、より難しい。実際のところ、訓練全般がお粗末な状態

だった。結果的に、全体としての作戦は非常に危なっかしいものであった」(同)

アーノルドからの手紙

ハンセルは、作戦決行日までに、これらの問題の解決に奔走した。日本の情報を得るために、17回もの偵察飛行を繰り返し、7000枚にも及ぶ航空写真や気象情報の収集を行った。飛行編隊も通常よりも機体を減らして、独自の陣形を組み上げた。そして、陸軍の作戦と期日を合わせた11月15日を迎える。

「11月15日。命令が発せられ、飛行機は準備が整い、それぞれ滑走路の端まで移動していった。そのときになって、直近の6週間は滑走路にずっと吹き下ろし続けていた風が凪いでしまったので、離陸はかろうじて可能、と言える程度になってしまった。

B-29は総重量12万ポンドとして設計されていたが、我々は飛行機が日本まで行って帰ってくるための十分な燃料を積み込もうと努力して、14万ポンドまで燃料を積み込んでいた。我々がどうするべきか議論しているうちに、今度は風が逆風になってしまった。

当時は滑走路が一本しかなく、複数の飛行機を滑走路の逆まで誘導し、離陸の準備を整えることは不可能でどうすることもできなかった。ふたたび会議に長い時間を費やしている中で、3、4時間後、激しい熱帯地域の台風に襲われた。そのため、ミッションを中止にするしかなかった。非常に悔いが残る決断だったが、他にどうしようもなかったように思われる。

その後、台風はだいたい6日間続き、基地を泥沼に変えてしまった。B-29は全機に爆弾を搭載したままにし、毎日私たちは『今日こそはできるかもしれない』と期待し続けたが、指令は無効になった」(同)

統合参謀本部には落胆が広がり、アーノルドは何度も飛行計画が中止になったことに焦りと不満を抱いていた。ハンセルは、日本本土に対する独自の作戦が取り消されることを恐れ、準備が不十分な状態にもかかわらず、改めてB-29の出撃計画をアーノルドに提出する。すると、アーノルドから思わぬ知らせが届いたという。

「最初の任務の直前にアーノルドは私に手紙を書いてきて、その中でこう書いた。『私(アーノルド)はこのことについてあなたに伝えることが公平だと思う。ワシントンにいる私の部下や経験を積んできた熟練の空軍指揮官のほとんどは、あなたが始めるミッションは失敗する運命なのだと指摘している。私も同じ意見だ。B-29での作戦はうまくいかないだろう。もし仮に日本にたどり着いたとしても、撃ち落とされるのがオチだ。

さて、まだあなたが成功の確率があると考えるなら、せめてあなたに幸運があらんことを』。ああ、この手紙は私を非常に不安にさせた。なぜなら、私自身もこうした疑念を持っていたからである。私が期待していた言葉は『さあ、やってみてくれ、涼しい顔でうまくいかないと言っているやつらに、君なら吠え面をかかせることができるさ』というものだったのに。私が受け取ったのは、まさにその逆の内容だった。

アーノルドは、この手紙をよく考えて書いたと思う。その理由は、アーノルドがこの計画が非常に危険な冒険的な計画であり、上手くいかないのではないかと気が付いていたからだと思う。つまり、アーノルドは、『私は現場の指揮官に間違っていると伝えたが、現場が勝手に突き進んだ』というための証拠を残し、もしも作戦が失敗したときのために逃げ道を残しておいたのだと思う。そうすれば、航空軍全体としては、そういう場合にも途方にくれるようなことはないからだ。

もし彼が書面で『君の計画を承認する。実行したまえ』とか書いていたら、アーノルドの直接的な失敗になるからね。その頃は、この計画が失敗すると主張する人々から多くの批判が寄せられ、それは決行日が近づくにつれて、積み重ねられた。この任務が成功して欲しくないと思う人々が、かなりの数、存在していた」(同)

命中率わずか7%

当初の作戦決行予定日から9日後の11月24日。ハンセルは、ついに日本本土への空爆作戦を実行する。サイパン島から111機のB-29が出撃した。東京を狙った初めての大規模な空爆作戦だった。最重要目標は、東京・武蔵野市にあった中島飛行機武蔵製作所の巨大な工場。日本海軍の主力戦闘機として恐れられていたゼロ戦（零式艦上戦闘機の通称）をはじめとする軍用航空機のエンジンを作る日本の航空産業の要だった。その生産量は、日本全体の約3割を占め、国内屈指の軍需工場だった。

出撃から7時間後。B-29は東京上空、超高高度1万メートルに到達し、初めての空爆を行った。

「このような大規模な戦力を送り出せたのは、大きな成功だった。このことについては、うまくいかないのではという疑問を非常に多くの人が持っていたのだから。作戦自体は、私たちが望んだほどには上手くいかなかったのだが、最初の試みとして、そうした作戦が〝やれる〟ことを示すことができた」（同）

しかし、ハンセルが述べているように、作戦はうまく言ったとは言いがたかった。そ

サイパン島の基地のB-29

もそも、目標の中島飛行機の工場にたどり着くことができたB-29は、出撃した機体の4分の1以下、わずか25機だけであった。機体にトラブルが相次いだことに加えて、乗組員が進路を間違えるという操縦技術の未熟さも露呈していた。

さらに、深刻だったのは爆弾の命中率である。投下した爆弾が、狙った目標・中島飛行機の工場に命中したのは、わずか7%だった。東京上空に到達しても、1万メートルの高さから見下ろすと、分厚い雲に覆われていて、標的を目視できず、大部分が中島飛行機の工場を識別できなかった。〝精密爆撃〟を掲げていたにもかかわらず、大半の爆弾が重要施設とは関係のない一般住民の居住地にばらまかれていた。

空爆を阻んだ〝想定外〟の問題

爆撃の成果はさえなかったが、ハンセルは空爆を実行するという最初の大きなハードルを越えることができた。この出撃で爆撃作戦を継続することが可能になった。

その3日後の11月27日。再び81機のB-29が出撃する。しかし、再び分厚い雲に覆われ、目標である飛行機工場を発見することが難しかった。さらに、3回目の精密爆撃は12月3日。発進した72機のうち、39機が中島飛行機の工場上空に到達し、爆撃した。だが、爆弾の命中率はわずか2・5％と散々な結果に終わる。目標を破壊するにはほど遠かった。

B-29が飛ぶ超高高度1万メートルであれば、敵の反撃を受けずに、精密爆撃が実現できるはずだった。なぜ、日本への精密爆撃は、上手くいかなかったのか。ハンセルの部下になり、爆撃部隊の司令として日本上空を飛んでいたエメット・オドンネルは、B-29の最大の特徴である「超高高度」が問題を生んでいたと打ち明けている。

「日本への最初の任務では、非常に激しい風にぶつかった。時速200マイル以上の風にさらされる可能性について、誰一人として我々に説明をしてくれなかった。それは、

〝ジェット気流〟と呼ばれるもので、我々が世界で初めて実際にジェット気流にぶつかったのだ。しかも、任務が行われたのは、一年の中で最もジェット気流が発生する時期で、向かい風にさらされると我々は真っ直ぐに飛ぶことができず、斜めに飛行することになった。逆に追い風になると、あっという間に目標地点を通過してしまい、我々は攻撃目標をまったく捉えることができなかった」（肉声テープより）

想定外だったことの一つが、気象条件だった。日本の上空1万メートル付近では、強力な偏西風、ジェット気流が流れていたのだ。当時はその存在が知られておらず、B-29の乗組員が、人類で初めて日本上空のジェット気流を発見することになった。パイロットたちは面食らった。とくに冬場は秒速100メートルに達することもあり、B-29は飛行機を傾けるなどの対応を迫られたため、爆撃の精度は大きく低下することになった。

頼りにしていたノルデン爆撃照準器も本来の機能を発揮できずにいた。ジャイロにより自動で水平を保つ画期的な機能がついていたが、想定を超える風の影響で誤差が生じ、爆撃の精度を維持することが困難になっていた。

さらに、オドンネルは、B-29の機体トラブルにも頭を悩ませたという。中でも、最も開発が難航していたエンジンは、大きな問題を抱えていたと明かしている。
「エンジンが発火するという問題だった。冷却空気を巡らせることができなくなるのだ。エンジン構造の中に高温になる場所が数カ所あり、その結果、配線構造全体が燃え落ちてしまい、発火するということになる。そうした火災が多発した結果、多くのB‐29の乗員がパラシュートで飛び降りることとなった」（肉声テープより）
超高高度の飛行は、エンジンへの負担も大きく、トラブルが頻発していた。そもそも満足に飛行できず、目的地に到達できない機体も数多くあった。当時のマリアナ諸島の基地の映像を探っていると、サイパンの基地で爆発事故を起こしたB‐29を捉えた映像もあった。こうした事故で命を落としたり、負傷する者も出ていた。次第に出撃できる機体も減っていき、作戦遂行に影を落とすようになっていったとハンセルは語っている。
「B‐29のエンジンは、発火することで知られていたが、これは非常に大きな問題だった。上部バンクの後部シリンダーは、十分な冷却空気を受ける仕組みになっておらず、疲労したバルブは燃えて、シリンダーの上に落下する。そしてやがて困った場所に着火してしまう。マグネシウムのクランク室においてである。そこで一度発火してしまうと、もうできることはなにもない。全ての問題点は、主に新兵器であるB‐29を十分なテス

トもせずに実戦に投入した結果生まれたものである」（肉声テープより）

追い詰められたアーノルド

マリアナ諸島からの爆撃作戦が思い描いたような成果を上げられないことで、ワシントンにいたアーノルドは、苦しい立場に追い込まれていた。陸・海軍のトップには、ハンセルの抱えている事情など、関係がなかった。統合参謀本部では指揮権を与えたにもかかわらず、B-29で結果を出せないアーノルドに対して、厳しい批判が相次いでいた。「B-29の指揮権を持つ航空軍は、深刻な非難にさらされていた。アーノルドのもとで運用するという考え方が問題視されるようになった。例えば、陸軍トップのジョージ・マーシャル参謀総長ともめていたし、ルーズベルト大統領は、数日おきにしか空爆作戦が行われていないことに不満を持ち、もっと頻繁に爆撃できないのかと焦れていた。アーノルドは、非常に大きいプレッシャーの中にあった。たくさんのことが、この作戦の成功いかんにかかっていた。もし目標を達成することができなければ、我々航空軍全体の作戦コンセプトがダメになってしまう」（ヘイウッド・ハンセル、肉声テープより）

結果が出ないことに加えて、爆撃作戦が実行できる日が少ない事もやり玉にあがっていた。中でも、ルーズベルト大統領が、より多くの作戦実行を求めていたとノースタッドが明かしている。

「ルーズベルト大統領が、いつ作戦を行うのか知りたがっていました。ただ、天候の問題があったので、マリアナ基地からの作戦については、出撃したとわかるまで大統領には伝えないことにしようとアーノルドと合意していました。ところが、アーノルドはその合意を破って、大統領に作戦決行日を事前に伝えていたのです。そうしたら、天候の問題で出撃できなかったわけです。

アーノルドは、そのことを重く受け止め、恥ずかしいと言って、航空軍の全員に対して怒っていました。私やハンセル、そして作戦に関係していたすべての人たちに対して、激怒していました。それはかなり衝撃的な光景で、決して忘れることができません。

B-29には莫大な投資がなされていて、しかも投資しているだけでなく大きな期待がかけられていました。それなのに、天気の良いときにしか爆撃ができないということでは……。天候に左右され、4日間も5日間も爆撃作戦が決行できない状況が続くことに、いら立っていました」（肉声テープより）

30億ドルもの開発費をかけて作られたB-29。原爆の1・5倍もの費用を投資していた新兵器で成果を出せないことは、アーノルドを苦しめていたという。
「誰もが当時の状況を見て、『お前は今現在、このリソースを無駄にしているぞ、B-29を捨てているようなものだぞ。お前らはなんら戦争状況に影響を与えられずにいる』と言うのです。マッカーサーら陸・海軍の司令官は『我々ならそれを使ってはるかに良い仕事ができる。B-29を我々によこせ、我々はそれらをもっと戦術的に、戦略的に使えるだろう。そして、何も成し遂げていない日本への無駄な空爆より、はるかに大きな成果を上げることができる』と言っていたのです」（アメリカ陸軍大学戦略研究所・首席研究員のコンラッド・クレーン教授、空爆戦略史）
実は、アーノルドら航空軍が、ここまで追い詰められていたのには、もう一つ理由があった。日本への空爆に先だって行われていた、ヨーロッパ戦線でのドイツへの空爆でも思うような成果が上げられていなかったのだ。

ヨーロッパでの失敗

日本への空爆が始まる前年の1943年。航空軍は、ヨーロッパ戦線でドイツに精密爆撃を行っていた。アーノルドは、ヨーロッパで行う空爆は、アメリカ空軍の独立への試金石となると考えていた。

使用していた主力爆撃機はB-17。航空隊戦術学校で練り上げた〝精密爆撃〟を実現するために、ノルデン爆撃照準器を装備していた。標的を的確に爆撃し、一般市民の犠牲も最小限にとどめられる精密爆撃は、アメリカ国内でも支持されると見込まれていた。アーノルドは、「国民が我々の戦争のやり方を理解し、信頼してくれるよう希望している」と期待を寄せ、日本への空爆を前に世論の後押しを得られると目論んでいた。

しかし、航空軍の自信は大きく揺らぐことになる。オドンネルは、実際の空爆では誤算が生じていたと証言する。

「アーノルドは、攻撃目標が破壊されていないばかりか、時には爆弾が全く命中すらしていないという報告を受けていた。なぜそうなったかと言えば、我々は敵機からの攻撃を受けながら密集陣形を組み、反撃やその他のことを行いながら爆撃をしなければならなかったのだが、これが我々にとっては大きな障害になった。それで、間抜けのように思われる報告がたくさん届けられた」（肉声テープより）

1943年1月〜9月に行われた精密爆撃のうち、標的から300メートル以内に投下できた爆弾の割合は、わずか2割だった。実に8割の爆弾は、目標から大きく外れた場所に着弾し、一般市民に広範な被害をもたらしていた。陸軍航空軍司令部の参謀で、ヨーロッパでの空爆計画の責任者を務めたチャールズ・キャベルは、その理由を率直に語っていた。

「当時の爆撃部隊の能力では、成功できないということがわかった。我々には、標的に命中させるスキルがなかった。訓練が十分でなく、戦闘についても慣れていなかった。何かを爆撃するには、それに見合った経験が必要である。しかし、実のところ、我々には、その経験がなかったので、とにかく経験が必要だった」（肉声テープより）

このヨーロッパでの戦争は、彼らが精密爆撃を行う初めての実戦だった。実はアメリカは、環境が整えられた「テスト」でしか、精密爆撃を試したことがなかった。第一次世界大戦以来の戦争だったため、実戦における厳しい条件を想定していなかったのだ。なんともお粗末である。

だが、当然ながら、実戦では敵機が激しく攻撃してくる。悪天候でも作戦は決行される。しかも、ノルデン爆撃照準器は、目標物を目視で特定しなければならず、晴れた日の昼間にしか使えなかった。夜間爆撃と違い、敵機にとっても反撃しやすい昼間の精密爆撃は、過酷な環境下で行わなければならなかった。敵機の存在していない状態で行っていたテストとは違い、狙いを定めるための余裕はなかった。経験不足のパイロットたちは、厳しい現実を突きつけられた。

「我々は、射撃について、ひどく下手くそだった……。もしもっと上手く撃てていれば……。敵機の攻撃は前方から来るものであったが、我々は前方からの攻撃に対して十分な火力を持っていなかった。その理由は、敵の迎撃戦闘機は巡航速度があまりに速いので前方からの攻撃に対して効果的な攻撃を加えることはできないと考えられていたからだった。これは間違いであるとわかった。そこで戦略変更を行い、密集してきっちりと陣形を維持し火力を集中させることにした。これにより個々の機体による精密爆撃を諦めなければならなくなった。我々にとって最も重大なことは、こうして戦術的な航空戦の概念を完全に諦めなければならなかったことだ。これは精密爆撃の計画を大幅に妨げることになってしまった。それでも、その頃の我々は、陣形を組んで飛び、十分にたくさんの航空兵器を確保できるなら勝つことができるのではないかという考えが頭にこびりついていた」（ヘイウッド・ハンセル、肉声テープより）

最後のチャンス

だが、戦略の変更も功を奏したとは言えなかった。1943年10月に行われたドイツのシュバインフルトにある軍用工場を狙った爆撃作戦は、陸軍航空軍が最も甚大な被害を受けた作戦として記憶されることになる。

291機もの爆撃機を投入した大規模作戦だったが、攻撃目標への命中率は上がらず、標的の工場に十分な被害を与えられなかった。その一方で、ドイツ空軍の激しい抵抗にあい、60機の爆撃機が撃墜された。さらに基地に帰還した爆撃機のうち64機が再起不能として廃棄されることになった。犠牲となった搭乗員も600名にのぼるという大損害を被ってしまったのだ。

この爆撃作戦の司令官を務めていたアイラ・エイカーは、ドイツ空軍の執拗な反撃に対処する方法がなく、危機的状況に陥ってしまったと悔やんだ。

「我々は、シュバインフルトへの爆撃作戦で面目を失いました。一度の作戦で60機も撃墜されたのです。もし翌日も爆撃機を送ったらどうなるでしょうか？　そう、来る日も来る日も繰り返せば、我々の手元には爆撃機も搭乗員もなくなってしまいます。我々がずさんな対応を続ければ、ドイツ空軍に殲滅させられていたでしょう。その当時は、我々の航空部隊が唯一、ドイツ軍に対する作戦行動を取っていた部隊だったので、大統領からずっと下の人にいたるまで、並々ならぬ関心を持って見ていました。報道や一般大衆、他の部局から受けるプレッシャーの全てを受け止めていたのは、アーノルドでした。その結果、アーノルドは、軍の中で惨めな敗者となりました」（肉声テープより）

アーノルドは、精密爆撃の成果が上がらないことで、統合参謀本部で批判にさらされていたという。

「アーノルドは、とても不満に思っていましたし、非常に懸念していました。陸軍と、その下部組織である航空軍の対立というだけでなく、誰もがアーノルドの立場を突き上げていました。アーノルドは、思うようにいかない爆撃結果の報告を聞き『君たちは、間違った庭にホースで水をまいている。私にはどうすることもできないんだ、私はもはや後には引けないんだ』とわめきました」（チャールズ・キャベル、肉声テープより）

１９４４年６月にノルマンディー上陸作戦が決行されると、航空軍は上陸する連合軍のサポートに回り、海岸沿いのドイツ軍施設への爆撃を行った。ドイツとの戦いでは、アーノルドら航空軍が思い描いていたように、精密爆撃で敵の中枢を爆撃し戦争を終結することはできなかった。専門家は、当時のアーノルドら航空軍は、精密爆撃に対して過度に期待しすぎていたと指摘する。

「統合参謀本部がノルマンディーに上陸すると決めた日、アーノルドは、ただただ悲しかったのです。彼は『そうか。これでもうヨーロッパでは空軍力による単独勝利の機会を得ることはないだろう』と思い、悔しがったのです。そして『よし、日本に対しては、空軍力だけで単独勝利を勝ち取ろう。今度こそ、我々だけで確実に降伏させてやる』と決心したのです」（アメリカ国立戦争大学のマーク・クロッドフェルター教授）

日本への精密爆撃は、陸軍航空軍にとって、もう後がない最後のチャンスだったのだ。

「パールハーバーを忘れはしない」

ヨーロッパで戦争の勝利を決定づけるような成果をあげられなかった航空軍は、一刻も早くB-29による日本への空爆で結果を出さなければならなかった。統合参謀本部の突き上げは、日に日に強まっていた。激しいプレッシャーにさらされていたアーノルドは、当時、ワシントンからサイパン島へと飛び、兵士たちに直接ハッパをかけていた。それを記録した映像が残されている。アーノルドは、日本への空爆へ向かう兵士たちをB-29の前に並ばせ、こう檄を飛ばしている。

「今、君たちは日本に最も近い基地にいる。そして、世界一優れた爆撃機、B-29を手にしている。この基地から、もっとたくさんの爆弾を運び、北海道から九州にいたる日本の軍事産業拠点をすべて攻撃することができる。君たちが日本を爆撃するときに、日本人に伝えて欲しいメッセージがある。伝えてくれるか？」

と兵士らに問いかけ、彼らが『イエス』と答えると、爆弾にチョークで何かを書き始めて、こう続けた。

「『日本の兵士たちめ、私たちはパールハーバーを忘れはしない。B-29は、それを何度もお前たちに思い知らせてくれるだろう。何度も何度も何度も』。このメッセージを爆弾の腹に書いて欲しい。さあ、気をつけて行ってくれ。幸運を祈っているぞ」

アーノルドは、ハンセルに対して結果を出すことを強く求めていた。もしこのまま事態が改善せず、B-29の指揮権を陸・海軍に奪われることになれば、空軍独立の野望が潰えてしまうと危惧していた。

1944年12月27日。日本への空爆が始まってから1カ月あまりが経っていたが、いまだ結果は芳しくなかった。切迫感を募らせていたハンセルは、72機のB-29で、再び中島飛行機の工場へ爆撃を行った。しかし、4度目の爆撃作戦にもかかわらず、目標に命中した爆弾は、わずか6個。またしても失敗に終わってしまう。ハンセルは気象条件の悪さに悩まされ続けていた。日本の上空は、冬場には分厚い雲に覆われることが多かった。それは標的を目視しなければならない精密爆撃にとって致命的だった。

ハンセルの部下で、B-29の爆撃部隊の飛行隊長をしていたリチャード・モントゴメリー中佐は、肉声テープでこう証言する。

「ハンセルは、爆撃に適した高度を正確に知るために厳密なテストを続けていました。高度1万メートル付近に配置し、太陽が出ているときに、ターゲットを目視で的確に狙わなければなりませんでした。しかし、何度も雲のかたまりが視界を遮るため、作戦の間、ほとんどの場面で、ターゲットを目視することができず、命中させることができませんでした。ハンセルは、精密爆撃はいかなる戦域でも上手くいくと信じていましたが、標的を十分見ることができなかった日本では、上手くいきませんでした。ターゲットが見えなければ、爆撃することなどできません」

標的を目視できなければ、ノルデン爆撃照準器は使い物にならなかった。その場合は、代わりにレーダーを使用することになっていた。だが、搭載していたレーダーは、B-29の超高高度に適応していなかったと、オドンネルは嘆いている。

「支給されたレーダーの解像度にとって最適な高度は、5000メートル前後で飛行することだった。しかし、我々は1万メートルで日本に侵入し、その高度で飛行しながら爆撃をしたので、結果としてとりとめのないものになってしまった。これは、最初からわかっていたことだ。私は、アーノルドにこの課題について何度も報告していたのだから」（肉声テープより）

愕然とするハンセル

爆撃の失敗が続いていたハンセルは、どうすれば結果が出せるのか考え続けていた。

「我々が与えられた精密爆撃の目標は、レーダー爆撃で破壊できる場所にはなかった。私はレーダーの改良に力を尽くし、15個くらいあったリストのマップに基づいた精密爆撃ができるように努力した。しかし、目視に頼る方法が難しくなり、我々にできることは少なかった」（ヘイウッド・ハンセル、肉声テープより）

この頃、すでにワシントンでは、精密爆撃に固執せず、爆撃の方法を切り替えてはどうかという意見が出始めていた。それは、焼夷弾を大量にばらまく地域爆撃への転換だった。アーノルドの参謀を務めていたノースタッドは、ハンセルに対して「緊急の要求である」と幾度となく作戦の変更を求めていた。だが、それでもハンセルは、頑なに精密爆撃の方針を貫いた。

「私が統合参謀本部によって与えられた任務は、精密爆撃によって設定された目標を破壊することだった。私は、決してこの目標から逸脱しようとは思わなかった。この仕事を完遂したかったのだ。私は、私のチームを批判する多くの人たちに『ほら、できないと言っただろ』と言わせたくはなかった。だから、私は申しつけられた精密爆撃の仕事を遂行することに誇りを持っていた」（同）

ハンセルは、焼夷弾爆撃を求めるワシントンからの指令について、アーノルドに抗議の手紙を送っている。

「我々の任務は、精密爆撃によって主要な軍事・工業目標を破壊することであるという既定の方針を徹底しているので、市街住宅地域を含む広範囲な焼夷弾爆撃は承服しがたい」

ハンセルは、精密爆撃の精度を向上させることに全力を注いでいた。初めて空爆作戦を実行してから、まだひと月しか経っていなかった。B-29という新たな爆撃機の能力を最大限に引き出すには、もう少し時間が必要となると考えていた。それでも、作戦的な問題や技術的なトラブルを一つずつ解決していくことで、精密爆撃で成果を上げることができるとハンセルは信じていたのだ。アメリカのマスコミに対しても、精密爆撃を続ける方針であると明言し、すぐに結果を求めることなく慎重に見守って欲しいと訴えていた。

12月27日の爆撃失敗から1週間あまり。解決策を模索するハンセルのもとに、アーノルドから思いも寄らない指令が届く。「職務を解任する」。あまりにも突然の通告だった。「地面が崩れたのかと感じたよ。とにかく非常に驚いた。私は完全に心が折れてしまった。確かに、作戦の稼働率は非常に悪かったが、ヨーロッパでの爆撃と比べてもそれほど悪くなく、だいたい同じようなものだった。そして実際に、多くの障害を克服していたのだ。

だが、アーノルドは作戦稼働率に不満を抱いていて、私は実績をあげるために必要な時間を与えられなかった。私なら、部下に責任転嫁をするようなことはしない。アーノルドは責任を自分で負わなかったということだ。だが、アーノルド自身も立場が危うくなっていたのだと思う。

例えば、マーシャル陸軍参謀総長やスティムソン陸軍長官、さらにルーズベルト大統領などが際立った不快感を持っていて、プレッシャーをかけられていたのかもしれない。

司令官交代の決断は、まさにアーノルドがそのような状況下で下しそうな類いのものである。

私は、陸軍航空隊戦術学校で練り上げた、精密爆撃のコンセプトにとらわれすぎていたのかもしれない。時間のほとんどを航空作戦のための戦略概念、爆撃の理論を進歩させることに使っていた。それは、やりすぎていたし、その傾向は強すぎた。空軍力を応用した航空戦略を考え抜き、達成することに全力を尽くしてきたが、私たちは調子に乗りすぎていたということだろう」（ヘイウッド・ハンセル、肉声テープより）

アーノルドから解任されるとは、夢にも思っていなかったハンセル。そのため、これから先の空爆計画を３回分も策定していた。

予定していた空爆作戦を実行した後、１９４５年１月20日にハンセルは司令官の座を退くことになった。皮肉なことに、ハンセルが解任前日に行った最後の空爆は、大成功を収める。標的としていた川崎航空機明石工場の主要工場に爆弾が命中し、生産力の90％を喪失させた。しかもB-29は一機の損失機も出さなかった。ハンセルが追い求めた精密爆撃は、これまでにない素晴らしい成果を収めたのだ。

もし司令官が代わらなければ……

アーノルドがもう少し忍耐していれば……ハンセルが司令官を最後まで務めていたら……日本への空爆はこうも悲惨な犠牲を生まなかったのだろうか。陸軍航空軍の副司令官として、アーノルドの不在時は総司令官代理を務めたバーニー・ガイルズ（1892年～1984年、空軍中将）は、ハンセルを解任する前にアーノルドから相談を受けたと肉声テープで明かしている。

「アーノルドは私を呼んで、ハンセルを解任するつもりだと話しました。私はアーノルドに『覚えていますか？』と言いました。なぜなら、私はハンセルが任命されたときから『最初の2、3カ月は彼を解任しないと約束してくれ』と頼んでいましたし、アーノルドは『そのようなことはしない』と言っていましたから。

ハンセルは、とても聡明で素晴らしい将校で優秀なパイロットでもあります。情に脆いところはありますが。私はアーノルドに『ハンセルを解任するのをやめてほしい』と頼みました。良い人間が降格され傷つくのを見るのは嫌なものです。アーノルドは『ちくしょう！　私は未来を予測することはできない！　彼は必要な任務をこなさない。それは君も認めるべきだ』と言いました。

わたしは『彼はきちんと仕事をする男ですよ。何も誤ったことはしていません』と言いました。しかし、アーノルドは『彼は解任されるべきだ』という意見でした。アーノルドは、ハンセルに良いチャンスを与えなかった。仕事を始めたばかりだったのに」

性急に結果を求めていたアーノルドは、腹心の部下だったハンセルを解任した。後任は、かつてハンセルの部下だった3歳年下の後輩に決まった。ハンセルは「静かな場所に行きたい」と言い残し、翌年、軍を去った。

第6章　焼夷弾爆撃へ追い込まれるルメイ

カーチス・ルメイ登場

アーノルドがハンセルの後任に指名したのは、カーチス・ルメイ少将。当時38歳だった。この戦争中に次々と結果を残し、陸軍航空軍史上最年少で少将に昇進していた。

ルメイが頭角を現したのは、1942年から44年にかけて指揮していたヨーロッパ戦線でのことだった。ドイツ軍の激しい反撃により、大損害を被っていた航空軍が進むべき活路を見出したのだ。爆撃機同士を密集させ、かつ違う高度を飛行させる新たなフォーメーション「コンバット・ボックス戦術」を考案。その独創的な陣形によって防御能力の向上に成功したことで、卓越した戦術家として高く評価された。

ヨーロッパ戦線で戦功を上げたルメイは、1944年8月にアジアへ赴任する。中国やインドに設けられた飛行基地から、日本の支配地域だったビルマ（ミャンマー）やシンガポールなどへの空爆を指揮する任務だった。ルメイは、ここでも成果を上げた。爆撃機の飛行時間、爆弾搭載量、的中率を著しく向上させたのだ。ルメイは、爆撃の精度を上げるために、綿密な計画を立てていた。爆撃目標地域を細かく分割して整理し、細分化したブロックごとに戦術を練っていたのだ。さらに、機体の運用面でも大きな効果をもたらしていた。爆撃機の整備体制を改善したのだ。ルメイは、爆撃機ごとに担当が決められていた整備人員を、基地全体で管理する体制に構築し直した。整備システムを変更したことによって、機体の整備・修理の効率が飛躍的に上がった。空爆作戦に参加できる機体が増え、爆撃の成果にも表れていた。こうしたルメイの活躍は、ワシントンにいたアーノルドらの

司令官に起用されたカーチス・ルメイ

元にも報告され、強い印象を残した。アーノルドの側近だったバーニー・ガイルズは、ルメイのことを、こう評価する。

「とても素晴らしい、タフで、厳しい司令官でした。少々荒々しい野蛮なやり方で、強引にことを運ぶタイプです。彼は、仕事に熱心で、自分は何をするべきなのかをよく理解していました。そして、全ての部下にそれをするように要求していました」（肉声テープより）

ルメイは、〝鉄のロバ〟と呼ばれる頑固者で、作戦を成功させるために部下を徹底的に訓練で鍛え上げる厳しい司令官として知られていた。その一方で、空爆作戦のときは自ら爆撃機に乗り込み、陣頭指揮を執った。最もリスクの高い先頭を飛ぶ男気があり、責任を負うリーダーとして部下たちからは絶大な信頼を寄せられていた。新たな上司としてルメイを迎え入れたオドンネルは、こう回想している。

「ルメイは、しかめ面をして、よく噛みタバコを噛んでいたものだが、実際の彼はとにかく頭がキレる男で、優れたリーダーだった。決断も非常に早かった」（肉声テープより）

アーノルドは、そのルメイに最後の望みを託したのだった。ルメイへの手紙にこう記している。

「B-29は、これまでどんな航空兵器でも成し得なかった偉大な結果をもたらすことだろう。そして、その結果をもたらしてくれるのは、君だと信じている」

ルメイの胸の内

航空軍の運命を背負うことになったルメイ。何を考え、どのような心境で日本への空爆を実行していったのか。戦後もほとんど取材を受けず、多くを語らなかった。だが、今回発見された肉声テープでは、自らの胸の内を赤裸々に語っていた。

「私たち航空軍は、まだ何も成し遂げていませんでした。何かすぐにできることを考えなければなりませんでした。なぜなら、統合参謀本部で起きていることを知っていましたから。アーノルドへのプレッシャー。そして、私たちはB-29の指揮権を失うことになるかもしれなかったのです。B-29は、マッカーサー、あるいは誰か他の人物の手にわたり、航空軍の置かれている状況が悪化するかもしれませんでした。

私は、アーノルドがB-29の指揮権を手にするためにどれだけ苦労したかを知っていましたし、結果がないといけないということをよく知っていました。アーノルドから直接何か言われたからなどではありません。

私自身、アーノルド大将のために何かしなければならないと思っていました。それは主に、空軍独立のための大きな突破口を作った報酬を受けるべきだと思っていたからです。私は、何か結果を出すことを求められていましたので、自らにプレッシャーを課しました」

結果を残さなければならない。ルメイは、アーノルドの期待と航空軍の未来を背負って任務に就いた。更迭されたハンセルに代わり、現地で指揮をとり始めたのは、1945年1月20日のこと。ルメイは、速やかに自分にできることに取りかかった。

マリアナ諸島に着任してから、わずか3日後。初めての日本本土への空爆作戦を実行する。目標は、名古屋にあった三菱重工の航空機生産工場だった。70機あまりのB-29が出撃。ハンセルの戦術と同様に、精密爆撃を試みた。しかし、爆撃目標の上空は厚い雲に覆われ、ターゲットに爆弾を投下できたB-29は、わずか28機のみ。出撃した機体の半数以下だった。期待していた成果を得ることはできなかった。

4日後の1月27日には、ハンセルが狙い続けていた中島飛行機武蔵製作所を目標とする空爆作戦を行った。再び70機あまりのB-29を出撃させる。だが今度は、日本軍の大規模な迎撃にあう。300機以上もの日本の戦闘機が、B-29部隊を待ち構えていたのだ。上空で激しい戦闘が始まり、9機のB-29が撃墜された。これは、ハンセル時代を含めて過去最大の損害だった。その一方で、爆撃目標には全く爆弾を投下できず、ほとんど打撃を与えられないという悲惨な結果に終わってしまった。

ルメイは、搭乗員たちの実戦経験の乏しさに、頭を悩ませていた。適正な訓練を受ける時間もなく、現地に送り込まれた隊員たち。ろくに飛行機も乗りこなせないまま、最新の超大型爆撃機に乗り込んでいた。ルメイは、爆撃作戦の実行より訓練兼務の飛行作戦の回数を増やし、日本本土空爆を実行する技量を身につけさせようとしていた。だが、現実は、そんな悠長なことは言っていられない状況だった。ルメイ自身、自分に与えられた時間は、そう長くはないと強く感じていた。ハンセルはわずか2カ月あまりで解任されたのだ。

「私は、マリアナに送り込まれて……わかっていました。ハンセルはほとんど成果を残していなかったので、罷免されました。私がなんとかしてくれるだろうと、アーノルドらは期待していました。だから、私は結果を残さなければなりませんでしたが、果たしてその方法がなんなのか……。私たちがヨーロッパでやっていたことはできそうになく、それは良い解決策ではありませんでした。誰もが戦争に勝利しようと自分たちにできる限りのことをしながら一生懸命でした。ハンセルもそうだったはずです。ただ、戦闘で失敗してしまったり、上司が求めるような成果が出せなかったら、努力していても排除されるのです」（カーチス・ルメイ、肉声テープより）

ルメイと親交があり、彼の伝記を書いた歴史家のウォーレン・コザックさんは、当時、ルメイは、絶対に成果をあげようという並々ならぬ決意を持っていたという。

「ルメイには、一つだけひどく恐れているものがありました。それは失敗です。その理由は、彼の内面的なことで、父親が仕事の続かない出来損ないだったことが関係しています。父親が家族を養う術を見つけ出すことができず、ルメイは貧しい家庭で育ちました。少年時代からひたすら懸命に働き、いつも家族に対する大変な責任を背負って生きてきました。非常に責任感の強い青年は、その後、軍隊において国に対する並々ならぬ責任を背負うようになりました。ルメイは、着任後、ハンセルと同じやり方を試みて、同じような結果に終わりました。それでは、自分も解任されることになると知っていて、それが彼にとっては大きな恐怖でした。彼は自分のキャリアが解雇されて終わることは絶対に避けたいと思っていました。彼は、うまくいくものを考案しなければならなかったのです」

それでもルメイは、就任からひと月ほどは、精密爆撃を試し続ける。しかし、未熟な搭乗員に加えて、不具合が多く実用段階に達したとは言えないB-29。なにもかもが整っていない中で、日本への空爆を成功させることは、至難の業だった。2月になっても、ハンセルと同様に、成果を上げることはできなかった。それどころか、超高高度へも突撃してくる日本軍の迎撃を受け、たびたび甚大な損害を被ってしまう。ルメイは、次第に追い詰められていった。

海軍の日本空爆成功で強まるプレッシャー

1945年2月17日。ルメイも結果を出せない中で、アーノルドのもとに、驚くべき情報が飛び込んできた。ペリリュー島を制圧し、硫黄島の攻略に向かっていた海軍が、日本本土への空爆に成功したというのだ。しかも、海軍が爆撃したのは、B-29が最重要目標として狙いながらも爆撃に失敗し続けていた、あの東京の中島飛行機武蔵製作所の工場だった。

海軍が爆撃に使用したのは、小型で飛行速度も遅い、空母艦載用の急降下爆撃機「へルダイバー」』。本州沿岸から100キロメートルあまりのところまで空母を接近させて出撃し、低空で敵の反撃をかいくぐりながら、爆撃を成功させていた。統合参謀本部が掲げていた日本の航空戦力の弱体化を狙う計画で、海軍に先を越されてしまったのだ。アメリカの新聞は、「東京への決定的な空爆だ」「太平洋戦争において過去最大の勇気あふれる作戦」と海軍大将のニミッツの手腕を賞賛した。

海軍の戦果を見せつけられたアーノルドは、いよいよ崖っぷちに立たされていた。ガイルズに宛てた手紙の中で、暗澹たる気持ちを吐露している。

「日本本土を爆撃するのに、いつまでも1回につき60機か80機しか使えないんだとしたら、運用方法を考え直す必要に迫られる。海軍大将のニミッツや陸軍大将のマッカーサーがB-29の部隊を欲しがりだしたら、我々を遥かに凌ぐ大規模部隊をたちまち編成してしまうだろう。ニミッツなどは『日本を叩きつぶすために1度に300機を送り込んでやろう』と言って、指揮権を要求してくるだろう」

統合参謀本部では、結果を残せない航空軍への風当たりが、一層強くなっていた。中でも厳しかったのが、ルーズベルト大統領だった。

「軍の最高司令官は、大統領であることを忘れてはいけません。ルーズベルトは、アーノルドに圧力をかけます。B-29に費やされたお金は、最終的に〝それだけの価値があった〟と示せというものです。〝それらはアメリカ国民のために成功をもたらした〟と。〝戦争を終わらせるために役立った〟と。アーノルドは、この戦争中に4度の心臓発作を起こしたほど、凄まじいプレッシャーを感じていました」（歴史家のウォーレン・コザック）

ついに発せられた爆撃指令

この頃、ヨーロッパでの戦争は終わりが見え始めていた。アメリカ国民は、3年以上続く戦争に対して嫌気がさし、戦地にいる家族を早く帰国させて欲しいという声が日増しに高まっていた。だが、それにもかかわらず、敵国の日本は、敗色濃厚の戦場でも最後まで徹底抗戦を続け、アメリカ兵の犠牲者は増え続けていた。

「母親、父親、夫、妻、国民はみな、家族が家に帰ってくることを望んでいました。戦争を可能な限り早く終わらせることは、アメリカ国民からの圧力でした。国民からの圧力が高まれば、当然、ルーズベルトに圧力がかかります。その圧力が大統領から下へ下へと、指揮系統をずっと下っていくのです」（ウォーレン・コザック）

海軍による中島飛行機武蔵製作所の爆撃成功から2日後。1945年2月19日。アーノルドは、ルメイに、ある指令を下す。任務の1番目、最優先とされる項目には、こう記されていた。

「選定された都市への焼夷弾爆撃を試せ」

この指令は、以前に与えた指令に優先される」

この指令は、これまでの日本への空爆方針を根本的に覆すものだった。日本の航空機産業の破壊を目的とした精密爆撃よりも、焼夷弾による空爆を優先することが示されたのだ。その一方で、焼夷弾爆撃を行う具体的な方法については指示されていない。どのような作戦を実行するのかは、現場に白紙委任したのだった。

ルメイは、肉声テープの中で、当時の思いを語っている。

「このことに関して、私の手を握ってくれる人は誰もいませんでした。この状況だったらそうしてくれる人は誰もいないでしょう。そこでの仕事は、それはそれは孤独なものです。自分一人で決めるのです。そして、もし間違いを犯せば、たちまちオオカミたちが襲いかかります。周りには飢えたオオカミたちが山ほどいます。6週間の終わりに、自分の成果を振り返ったときに私はほとんど何も成し遂げておらず、何か違うことをしなければなりませんでした。

戦争では、破壊をしなければいけません。B－29で良い結果を残し、陸軍と海軍に見せつけなければなりません。この航空軍を生み出すためにアーノルドが戦った全ての戦いに報いなければなりませんでした。ですから、私は過激なことをするつもりでした」

結果を残せていなかったルメイにとって、アーノルドの指令は、最後通牒のように思えただろうか。解任の憂き目だけは、なんとしても避けたかったルメイは、精密爆撃から焼夷弾爆撃へと空爆戦略の転換を図っていく。いかにして焼夷弾爆撃を成功させるか。そのことが、ルメイにとって至上命令となり、のちの東京大空襲へとつながっていくのだった。

密かに準備されていた焼夷弾空爆計画

航空軍の真価が問われた日本への空爆。長年練り上げてきた精密爆撃では、思うような成果を上げることができなかった。切り札だったB－29は、エンジントラブルが相次いだ。超高高度からの爆撃は、気象条件に阻まれたことで机上の空論となり、ほとんど役に立たなくなってしまった。万策尽きたかに思えたアーノルドら航空軍。だが、突如、新たな秘策として「焼夷弾」が浮上した。あたり一帯を焼き尽くす焼夷弾による地域爆撃は、敵の心臓部をピンポイントで爆撃する精密爆撃とは、全く考え方が異なる。掲げてきた人道主義とも矛盾する。アーノルドは、一体いつから焼夷弾を使った空爆を考え始めていたのだろうか。私たちは、改めて調べてみることにした。

航空軍が策定した空爆計画の詳細を知るために、再びアラバマ州にあるマクスウェル空軍基地を訪れた。かつて陸軍航空隊戦術学校があったこの場所には、1世紀に及ぶ空軍の歴史的な資料が保管されている。

特別な許可を得て入室した資料庫は、まるで巨大な古本倉庫のようだった。だだっ広い部屋の端から端まで、ただ数百の本棚だけがずらりと並んでいる。航空軍が設立された1907年からの記録が、年代ごとにエリアを分けて整理されていた。本棚の一つ一つには、50センチ四方のボックスがぎっしり収められている。数万を超える膨大な文書は、ジャンルによって細かく分類されて、ボックスにまとめられていた。70年以上前に作られた日本への空爆計画は、残されているのか。太平洋戦争中の作戦資料を探す。ボックスのラベルに書かれた年号を頼りに、1940年から順番に確認していく。すると、1943年代のボックスの一つから、なにやら分厚い資料が見つかった。革張りの表紙からして、重要そうだった。刻まれたタイトルを見て、確信する。
「日本空爆目標データ」。それは、322ページにも及ぶ日本への空爆計画の資料だった。作成されたのは、1943年3月。中を開くと、空爆の標的となりうる日本の軍事拠点や産業施設がズラリと列挙されている。日本の空爆目標のリストだった。

その数は、実に2000カ所以上にのぼった。東京の中島飛行機や三菱航空機などの飛行機工場、横須賀や呉の海軍基地や造船所など主要な軍事拠点はもちろんのこと、兵器製造に必要な材料を生産する鉄鋼業や軍服生産に不可欠な紡績工場、電力や石油、自動車などの生産関連施設が並ぶ。さらにリストを細かく見ていくと、エレベーター製造工場やタイプライター製作所などの小さな町工場、一般市民の生活を支える給水所や食料工場までもがターゲットにされている。

アーノルドは、この資料の作成を1943年2月に命じていた。担当した陸軍航空軍司令部は、軍事アナリストや経済学者など様々な分野の専門家を交え、日本の攻撃目標の情報をつぶさに調べ上げ、「日本空爆目標データ」としてまとめた。その内容は、まさにハンセルが練り上げていた「精密爆撃」を実行するためのデータのようだった。やはりアーノルドら航空軍は、精密爆撃を成功させようと、念入りな準備を進めていたのだろうか。さらに年代をたどって、計画の変遷を追うことにする。再び、1943年の資料ボックスを探っていく。新たな作戦資料は、1943年10月のボックスから見つかった。「日本空爆目標データ」の作成から半年後である。緻密な精密爆撃の計画だろうか。だが、その表紙を見て、言葉を失った。

「日本焼夷弾空爆データ」。INCENDIARY（焼夷弾）とハッキリ書かれていたのだ。なんと、アーノルドは精密爆撃を掲げながらも、その一方で焼夷弾による空爆作戦の準備を進めていたのだ。しかも、1943年10月に作成されていた。東京大空襲が実行される1945年3月より、1年半も前のことである。

レポートの中身を見てみる。まず冒頭に、攻撃目標として20都市が列挙されている。東京、横浜、川崎、横須賀、大阪、神戸、尼崎、名古屋、広島、呉、新潟、八幡、福岡、長崎、佐世保、小倉、大村、門司、久留米、延岡。それらの都市は表として一覧できるようになっており、各都市の人口、建物の密集度合いに応じて算出した焼き払うために必要な焼夷弾の爆弾量、それを投下した場合の被害予測が分析されている。そして、こう述べている。

「20都市の人口総計の71％、1200万人の住宅を焼き払うことができる。都市としての基本的な機能を失わせて、あらゆる面に甚大な影響を与えることができる」

さらに、重要目標とされていた10都市、東京、川崎、横浜、大阪、神戸、名古屋、広島、八幡、福岡、長崎に関しては、焼夷弾爆撃が有効な地域を記した詳細な地図が添えられていた。地図は、赤、ピンク、白の3色に色分けされている。赤色で塗られた地域は「最も焼夷弾爆撃が有効な地域」、ピンクは「有効な地域」、白は「有効とは言えない地域」。色が薄い地域ほど、効果は薄れていくという分類だった。

地図が作られたこれら10都市はすべて、のちに焼夷弾爆撃によって焼かれている。中でも驚いたのは、東京の地図だった。真っ赤に塗られた地域を見ると、東京大空襲で焼き払われた地域とほぼ一致していたのだ。レポートは、焼夷弾の有効性を強く主張している。

「東京では、工場、倉庫、住宅などに用いられる建築資材の90％以上が木材であり、とても燃えやすい。木造建築が密集しているため、焼夷弾による延焼率が高く、非常に有効である。それは、他の都市も同様である。火災によって燃焼しやすい日本の都市は、焼夷弾爆撃の目標として最適である」

ルメイに命じられた焼夷弾爆撃は、1943年の時点で、すでに準備されていた。しかも、被害予測や爆撃効果まで詳細に分析し、日本に対して有効だと結論づけていたのだ。表向きは精密爆撃を掲げたアーノルドの、全く別の顔が浮かび上がってきた。

「これは野蛮な戦争である」

航空隊戦術学校で研究されていたのは、精密爆撃のはずだった。では、焼夷弾についての研究は、いつから、どのように進められていたのだろうか。

本格的な研究に乗り出したのは、1943年に入ってからだった。アーノルドら航空軍は、早くから焼夷弾に目を付け、日本への空爆で活用方法を探っていた。そのために、焼夷弾の有効性を確かめる実験まで行っていたのだ。焼夷弾爆撃の研究には、焼夷弾を製造する石油会社や化学者、さらには火災保険の専門家らが協力していた。例えば、戦争前に日本で営業していた保険会社からは、日本の市街地の火災情報を提供してもらっていた。

焼夷弾爆撃の実験場は、ユタ州ダグウェイに広がる砂漠地帯にあった。そこに、日本の下町の住宅街を建設していたのだ。街並みは、通りの幅、建物の距離、家の寸法、建築木材、さらには住宅の中に置かれている家具や畳に至るまで、東京と全く同じものを再現する徹底ぶりだった。この巨大な〝東京の模型〟を、わざわざ実験のためだけに作りあげていたのだ。

当時の実験映像が残されていた。一機の爆撃機が飛来し、無数の焼夷弾を投下する。住宅の屋根を突き破り、一階部分に着弾すると、たちまち炎が立ち上った。着火したゼリー状のガソリンが、まるで生き物のようにピョンピョンと跳ね上がり、広い範囲に飛び散る。木造家屋は瞬く間に燃え上がり、隣家へ次々と延焼していく。ゴオゴオと炎を上げて燃える住宅街は、やがてバラバラと崩れ去った。航空軍は、こうした実験を繰り返し行った。焼夷弾は、どの程度の火災を引き起こすことができるのか。最適な投下場所は、どこなのか。消火活動を妨げるために、殺傷能力の高い爆弾と組み合わせるべきなのか。焼夷弾と高性能爆弾の比率は、どの程度が最適か。実験で得られたデータを分析し、最も効果的な焼夷弾爆撃の方法を導きだそうとしていた。「日本焼夷弾空爆データ」は、その研究の成果をまとめあげたものだった。

精密爆撃を掲げる裏で、焼夷弾による無差別爆撃を準備していたアーノルドは、1943年当時、どのような考えをもっていたのか。決して大っぴらに公言することがなかった胸の内を、部下への手紙に記している。

「これは野蛮な戦争であり、敵の国民に甚大な被害と死をもたらすことで、自らの政府に戦争中止を要求させるのである。一般市民の一部が死ぬかもしれないという理由だけで手心を加えるわけにはいかない」

側近だったバーニー・ガイルズも、隠されていた航空軍の狙いを証言している。

「一番の目的は、人口の中心を破壊することだった。それについては、決して公表することはなかった。しかし、それが真の目的だ。それは抵抗する者に対する爆撃だった。我々は日本に降伏してほしかったのだ。従わなければ、人口密集地が破壊されることになる」（肉声テープより）

第7章　こうして無差別爆撃は決行された

「超高高度」から「低空」への転換

日本への焼夷弾爆撃は、入念に準備されていた。実験を繰り返し、最も効果的に街を焼き尽くす方法まで検証されていたのだ。あとは、どのように実行するか。それだけであった。その実行役を担うことになったのが、カーチス・ルメイだった。焼夷弾爆撃を成功させるための最後のカギとなる空爆計画。航空軍の命運を握る計画の策定は、38歳の指揮官の手に委ねられた。

アーノルドから焼夷弾爆撃の指令が下ってから10日あまり。ルメイは、どうすれば日本への空爆で成果を上げられるか考え続けていた。

大きな障害となっていたのは、気象状況だった。航空軍が爆撃を行っていた11月～2月の間、東京上空の天候は、常に厚い雲に覆われていた。B-29が超高高度から目視で爆撃できる日は、ひと月に7日程度しかなく、最悪の時期は3日しかなかった。さらに、天気に恵まれた日でもジェット気流に阻まれた。超高高度から目視で行う精密爆撃は、目的地が好天候であることを前提にしており、日本にはまったくこの条件が当てはまらなかった。

B-29の使用方法を変えなければ、成果をあげられない。1945年3月上旬、ルメイは、一つの答えにたどり着く。

「私は、日本の偵察写真をすべて確認している中で、あることに気付いた。ドイツ人が防衛で使っていたような低空用対空砲火は見当たらなかったのだ。このことに気付いたとき、自分の中で〝これだ〟と確信した。レーダーも使い物にならないことを知っていたので、気圧などを調整することで、B-29をできる限り低く飛ばせるようにした。私たちは、高すぎる位置から爆撃をしていて、私が思うには、そのせいでB-29に負担がかかりすぎていた」(肉声テープより)

ルメイが思いついたのは、B-29を低空飛行させる爆撃計画。これまでの超高高度1万メートルを捨て、2000メートル付近まで高度をさげるという思い切った作戦だった。

低空を飛べば、B‐29を苦しめていた厚い雲も、ジェット気流の影響も避けることができた。しかも、エンジンへの負担も少なくなる。エンジントラブルが減れば、多くの機体が運用でき、大部隊を編成できる。さらに、低空飛行は燃料の消費を抑えられるので、その分だけ多くの爆弾を搭載することが可能になる。

多くのメリットがある一方で、大きなデメリットがあった。敵の反撃を受けるリスクだった。

「私は、部下がどのような反応を示すのか知るために、出し抜けに何人かに作戦を説明してみた。賛成する者もいたが、大部分は『それは自殺行為だ』と反対した。特にヨーロッパで飛行経験があった者は、低空飛行に対して拒否感が強かった。大きな賭けだという人もいたが、人の命を賭けるようなことはしない。私はこの件を、みなと話し合って、あらゆる角度から考えた。そして、最終的にやれるだろうと判断して決断したのだ。計算されたリスクは取るが、賭けではない」（カーチス・ルメイ、肉声テープより）

３つの条件が揃った

ルメイは、情報部から〝日本の戦闘機部隊は脅威を与えるほどの能力ではない〟という情報を得ていた。恐れていた高射砲についても、部下たちから寄せられる報告を基に、レーダーなどの精度が劣っているため、悪天候や夜間ではあまり機能しないことがわかっていた。

ルメイは、こうした情報を基にして、リスクを最小限に抑えるために作戦は夜間に決行することにした。夜間に飛行するとなれば、編隊を組むことは不可能だったため、単独爆撃となった。編隊を組まなければ、燃料も節約できる。焼夷弾を用いた空爆作戦の方針が決まった。

「私たちは、日本に焼夷弾を使えないかと常に考えていた。唯一残された手段が焼夷弾だったからだ。そのために予備実験も行って、焼夷弾の効果についてデータを集めていた。焼夷弾爆撃を有効に行うには、400機近くで大規模に行わないと成果が上がらないことが明らかだったが、それが集まることがわかったので実行することができた」

（カーチス・ルメイ、肉声テープより）

ルメイの爆撃計画は、それまで航空軍が行ってきた超高高度からの昼間精密爆撃とは、理念も方法も、まったく異なるものだった。どうしてルメイは、従来とは違う爆撃方法を決断できたのか。解任の憂き目に遭ったハンセルは、ルメイの決定について、肉声テープの中で次のように振り返っている。

「低空でB-29を使うという作戦は、完全にルメイ一人の決断だったと思う。よく質問されることだが、私が同じ決断を下していたかと聞かれれば、率直に言ってその答えは『否』である。対空防御網の十分な知識もなしに、低高度で侵入することは非常に危険で勇敢なことだと思う。そして、その決断は、結果的には正しかった」

ハンセルは、焼夷弾爆撃をどのように実行するか、その方法についてルメイの独創性を認めていた。リスクが大きな作戦であるため、ハンセル自身にはとても決断できないことだったという。その一方で、焼夷弾を使う空爆自体は、上層部からの命令に従っただけで新しい作戦ではないと証言している。

「B-29を使った焼夷弾による都市空爆については、ルメイ自身の決断ではなかった。それは少なくとも1年以上前の基本計画において、すでに考えられていたものである。

ご存じかもしれないが、我々は実際、実験のために日本風の村々を築き、焼夷弾を試してみた。つまり、そのアイデア自体は、彼の決断よりもずいぶん前に練られていた訳で、焼夷弾を持ち合わせていたという事実は、その決断が最後の最後に下されたというわけではないということを示している。

ただ、私たちは、『実際にその作戦が行われるべきではない』ということについて合意していた。それを昼間爆撃として、バラバラに行うということは非常に危険なことであった。敵の激しい反撃に遭う可能性があったからだ。だから、もしそれを行うのならば、記憶に残るように非常に大規模に、激しく行う必要があった。当時、私が指揮していた頃には、その準備ができなかったので、焼夷弾による攻撃を先送りにしてきたのである」（肉声テープより）

ハンセルの認識によれば、当初、焼夷弾による空爆は、危険を伴うため実行するべきではないとアーノルドらと合意していたという。危険に見合った成果を残すためには、大規模なB-29の部隊を編成して実行する必要があったが、ハンセルが指揮していた時には、その準備が整わず実現できなかった。だが、ルメイが指揮するようになってから、その状況が変わったというのだ。

「ルメイが実行する3月の東京大空襲までに3つの状況が偶然発生した。1つは、大規模な攻撃を実行できるだけの十分なB-29が揃ったこと。2つは、予測されていたほどには日本の空軍が強力なものではないことがわかったこと。3つは、私たちは、どのような精密爆撃の成功も見込めない日本の天候があることを知ったこと。こういったことをすべて考慮すると、その他の手段よりずっと容易で単純、そして安全な焼夷弾による空爆作戦について肯定的な結論が出てくるのは自然なことだった」（肉声テープより）

偶然にも、焼夷弾爆撃を実行するための条件が揃ったというのだ。もちろん、そのときの現場の指揮官が、リスクを冒す覚悟を持ったルメイであったことも大事な要素の一つだったのだろう。アーノルドが切羽詰まった状況に置かれていたこともある。いくつもの偶然が積み重なった。そして、史上最悪とも言える悲劇へと向かって転がっていったのだった。

実行された無差別爆撃・東京大空襲

1945年3月9日の夕方。325機のB-29が出撃準備をしていた。より多くの爆弾を積むため、機関銃などの戦闘火器はすべて取り外された。一機当たりの平均爆弾搭載量は、通常の3倍にもなった。あわせて1600トンを超える焼夷弾が積み込まれ、過去最大の空爆作戦が行われようとしていた。標的は、東京の市街地。アーノルドらが水面下で準備してきた焼夷弾空爆計画が、ついに実行されることになる。ルメイは、この空爆作戦を実行するにあたり、誰の許可も取ろうとしなかったという。

「アーノルドには、話をせずに実行するつもりだった。もしアーノルドの許可をもらったのに失敗したら、アーノルドの責任になるだろう。黙って実行すれば失敗しても『愚かな部下が勝手に暴挙に出たから彼を首にした』と言って、他の誰かに私の任務を引き継がせ、B-29の作戦は続けられる。アーノルドに迷惑をかけることだけは避けたかった。それは誰のものでもなく、私の決断であり、私の責任である。この作戦にかかっていたのは、アーノルドの首ではなく、私の首だったのだ。だから、自分で実行することに決めた」（肉声テープより）

航空軍の命運を賭けた空爆作戦。ルメイは、1人で責任を背負い込んだ。過去に例がない300機を超える大規模な攻撃。搭乗員たちは緊張と不安を抱えていた。低空飛行の戦術は、諸刃の剣だった。特に、ヨーロッパでの空爆作戦を経験していた隊員にとっては、低空飛行でドイツ空軍の餌食となった記憶を思い起こさせた。今回の作戦も、うまくいく保証はない。それでもルメイは作戦を決行する。

午後6時15分。B-29が一機、また一機と飛び立っていった。先頭を飛んで目標に指示弾を投下する爆撃先導機には、最も優秀で経験豊富なメンバーを配置した。ルメイは、士気を向上させるために目標上空まで部下を率いようとしたが、機密保持のために認められなかった。万が一にも撃墜されて、捕虜になることを防ぐことが優先された。このとき、ルメイはすでに原爆の概要を聞いていたからだった。「爆弾投下」の第一報を、グアムの基地で待つことになった。東京到着は、夜中になると見られていた。作戦を中枢で担った参謀や将校たちには、仮眠を取るよう命じた。だが、ルメイは、眠れなかった。不確定要素が多く、気持ちが落ち着かなかったという。作戦司令室のベンチに腰掛け、そのときを待った。

日付が変わった3月10日午前1時21分。出撃から7時間あまりが経った頃だった。ルメイのもとに、「第一弾を投下した」という報告が入る。東京大空襲が始まったのだ。東京上空に到達したB-29は、大量の焼夷弾を投下した。その数、32万7000発。夜間空襲にもかかわらず、辺り一帯が昼間のような明るさとなった。燃え盛る炎は、大量の酸素を飲み込みながら、凄まじい上昇気流を発生させた。爆撃の中心地として狙われた台東区、墨田区、江東区は、たちまち火の海になった。夜中に突然、地獄にたたき落とされた人々は、炎で焼かれ、窒息して倒れていった。燃え広がる地域に対して、爆撃は2時間半にわたって容赦なく続けられた。東京の下町に暮らす130万人が、逃げ場のない火の海に包まれた。

非人道的な空爆を行う軍人たちは、無差別爆撃をどのように受け入れるのか。ルメイは自伝の中で、道義的な責任を押し殺していたと打ち明けている。

「大量の爆弾を投下するときに、わずかでも想像力があることは、不幸なことである。崩れ落ちる1トンものガレキが、ベッドで眠りにつこうとする子どもを下敷きにしたり、火傷を負って『ママ、ママ』と泣いている3歳の女の子の恐ろしいイメージが頭をよぎってしまうからだ。だが、正気を保ちたいと思うなら、また、祖国に求められている任務を実行しようと思うならば、そうした想像から目を背けなければならない」

一夜にして、下町の住民のほとんどが被災した。東京大空襲の犠牲者は12万人とも言われているが、今も、正確な数字はわかっていない。

空軍独立という野望を抱いていた航空軍は、太平洋戦争で戦果を上げなければならなかった。ルーズベルト大統領は、30億ドルという巨額の開発費をかけたB-29が、戦争で決定的な仕事をしたと証明しなければならなかった。国民は、戦争を早く終わらせてほしいと願い、降伏しない日本に対する強力な攻撃を求めていた。それらの要素すべてが、無差別爆撃へとつながっていった。

空爆がいったん止まった理由

東京大空襲がもたらした結果は、すぐにアーノルドのもとに報告された。ルメイは、一報を受けたアーノルドが非常に満足していたため、安堵したと振り返っている。

「アーノルドは、3月10日の空爆のあと、私宛に電報を送ってくれました。彼からの電報には『東京空爆の成功、おめでとう。この任務で、君たちはどんなことでもやってのける度胸があることを証明した』とありました。私は、空爆後の東京の写真をアーノルドに送り返しました」（肉声テープより）

アメリカ国内にも、東京を火の海にしたことが大々的に伝えられる。新聞の紙面には「記録的な空爆」「東京は焼夷弾で荒廃した」と成果を称える言葉が並んでいた。

ルメイは、東京の被害を記録した写真を見たときの思いを自伝に書き残している。

「東京は跡形もなかった。かつてないほど激しい攻撃だったらしい。私は居心地の悪さを感じていたが、アーノルドは非常に満足していた。東京への空爆は必要以上だった。もうこれ以上の殺戮行為も次のミッションもしたくなかった」

だが、その後もルメイは焼夷弾による無差別爆撃を続けていく。3月12日には名古屋。13日には大阪。17日には神戸。19日には再び名古屋。B-29は、次々と大都市を焼き払っていった。これらの焼夷弾爆撃で、さらに1万人以上の命が犠牲となった。

3月10日〜19日までにターゲットとなった都市はすべて1943年に作成されていた「日本焼夷弾空爆データ」で計画されていた主要攻撃目標と一致する。計画に基づいて空爆するならば、まだ広島や福岡などが残されていた。

しかし、立て続けに実行された大都市への焼夷弾爆撃は、19日の名古屋を最後に、突然、パタリと止まる。いったい、何があったのか。ルメイは、肉声テープの中で、笑いながらその理由を明かしている。

「私たちは、東京を空爆したあと、とにかく可能な限り早く他の都市を爆撃した。日本軍が低空の対空砲火を準備するなどの対策を考えて反撃してくる前に、徹底的にやりたかったからだ。だが、爆撃を中止にした。なぜだかわかるか？」

「（インタビュアー）いいえ、わかりません」

「焼夷弾が切れたからだ」

ルメイは10日間にわたる都市への空爆で、焼夷弾192万発を使用。備蓄していた焼夷弾をすべて使い切ってしまったのだ。ルメイは、兵站を担当していた海軍をけしかけ、焼夷弾の補充を急がせたという。

「私たちは、海軍のニミッツに『これまでの4倍出撃する』と伝え、煽りました。『爆弾がなければ釣りをするしかないが、いいのか』と。兵站を担当する海軍の人間が、大慌てで準備してくれたので、ほぼ1カ月で補充できた」（肉声テープより）

およそひと月後、ルメイは大都市への焼夷弾爆撃を再開する。

なぜ、ルメイは、〝これ以上、殺戮行為をしたくない〟と感じながらも、焼夷弾爆撃をやめられなかったのか。伝記作家のウォーレン・コザックさんは、ルメイにはやめることができない、ある理由があったのだという。

「東京大空襲のあと、アーノルドからルメイに送られた〝おめでとう。どんなことでもやってのける度胸がある〟という言葉は、額面通りの祝福を意味する言葉ではありませんでした。それは、ルメイに〝他の都市を焼夷弾で攻撃し続けろ〟という作戦への青信号、GOサインでした。そのまま作戦を続けろ、大丈夫だという意味だったのです」

東京大空襲の結果こそ、望んでいた戦果だと喜んだアーノルド。日本との戦争で航空軍が存在感を示す方法を、ついに手にしたと考えていた。このあとアーノルドら航空軍は、B-29を使った焼夷弾による無差別爆撃を戦略の柱に据え、一般市民を犠牲にする非人道的な空爆を繰り返すことになる。

無差別爆撃を生んだ思想

一般市民の犠牲を厭わない無差別爆撃。人道主義を掲げた精密爆撃とは、全く異なる空爆戦略は、いつ生まれたのか。そして、その発想の原点はどこにあるのか。航空隊戦術学校では、長らく精密爆撃が研究されてきたはずだった。しかし、航空戦略を洗練することが使命だった戦術学校では、同じように無差別爆撃の効果についても密かに検討されていたかも知れない。アーノルドが、未知の戦略に航空軍の命運を託すとは思えなかった。焼夷弾についても、秘密裏に緻密な実験が繰り返されていたのだ。私たちは、改めて、航空軍の戦略をさらに遡ってみることにした。幸い、マクスウェル空軍基地には、これまでの航空戦略の変遷がきちんと残されている。

調べる上で気になっていたのが、ウィリアム・ミッチェルの存在だった。アーノルドが師と仰いでいた男で、航空軍の戦略の基礎を作りあげた人物だ。一般市民を標的とする航空戦略も、ミッチェルが提唱していたのではないか。もう一度、残されているミッチェルの資料を紐解くことにした。彼が航空戦略についての思想をまとめるようになったのは、第一次世界大戦のあとからである。1919年以降のボックスに手がかりがあるはずだ。

そして、やはりと言うべきか、そのレポートは見つかった。ミッチェルは、無差別爆撃の原点とも言える航空戦略思想を書き記していたのだ。1919年、東京大空襲が実行される20年以上も前のことである。そのレポートには、一般市民への空爆の有効性が次のように述べられていた。

「大国間で行われる戦争は、今日では、その国の全ての要素、男、女、子どもを含んでいる。ここに女性と子どもを含むのは、単なる感情的な理由でも、経済的な理由でもなく、第一次世界大戦において彼らが実際に軍事的な役割を担うようになったからである。女性や子どもは軍需品やその他の必要な物資の生産に関わり、国の産業や軍事力を支える。このことから、すべての者は戦闘員とみなされるべきだ。そのため、戦争中に彼らの財産を破壊し損害を与え、敵の戦力を潰すことはベストな戦略である。女性や子どもは、こうした攻撃に耐えられないだろう」

ミッチェルは、敵国の一般市民も攻撃対象と見なしていた。敵国家の中枢で戦争活動を支えていることから〝戦闘員の一部〟だと位置づけた。その上で、戦争を早く終わらせるための一番の近道は、市民を恐怖に陥れ、彼らの戦争への意欲を失わせることだと考えたのだ。兵士たちが直接ぶつかり合い、多くの命が失われた第一次世界大戦より、その方が犠牲者も少なくてすむと説いていた。

アーノルドらミッチェル・スクールのメンバーは、こうした思想に熱心に耳を傾けていたのだ。

「ミッチェルたちは、一般市民の戦争への意欲は脆いので、それを打ち砕くのに多くの爆弾は必要なく、時間もかからないと信じていました。ですから、すぐに市民は平和を求め、政府は要求に応じるだろうと考えていたのです。まさにそこから一般市民を攻撃目標とする航空戦略が生まれたのです」（アメリカ国立戦争大学のマーク・クロッドフェルター教授、航空戦略・空軍史）

非人道的なミッチェルの戦略思想は、これにとどまらなかった。さらに取材を進めると、ミッチェルは、一般市民を恐怖に陥れる具体的な方法にまで言及するようになっていた。3年後の1922年に記されたレポートには、次のような一文が見つかった。

「敵国に暮らす市民たちに恐怖を与えることは、戦争をやめるように彼らを導くために必要である。毒ガスはその土地に生きられなくするために使われ、焼夷弾は火災を発生させるために利用される。今はまだ幼児期にある爆弾だが、今後10年以内に恐ろしい武器へと大きな発展を遂げるだろう」

このレポートの中で、ミッチェルは焼夷弾の有用性に言及していた。東京大空襲の20年以上も前の時点で、こうした航空戦略は想定されていたのだ。

重慶爆撃の先例

当然、ミッチェルの航空戦略は、航空隊戦術学校に引き継がれていく。戦術学校の教科書の中に、その証拠が残っている。第二次世界大戦が始まった1939年、戦術学校の講義で使われたテキストには、次のような記述がある。

「日本の大都市の大部分は、脆く燃えやすい材質で作られている。1923年の関東大震災のときに火災によって甚大な被害がもたらされたことからも見て取れるように、日本の家屋は焼夷弾爆撃が有効だと考えられる。民間人への直接攻撃は、もしかすると人々の士気を挫くことに非常に効果的かもしれないが、人道的な配慮のために空爆の目標としては排除される。しかしながら、民間人への直接攻撃は、報復としてはあり得る手段であると頭に入れておくべきだ。日本がこの攻撃手法を採用しないという保証はどこにもないのである」

航空軍は、関東大震災で起きた惨事を把握しており、日本が焼夷弾爆撃に対して脆弱であることを知っていた。水面下で、新型の焼夷弾の開発も進めていた。ただ、一般市民を攻撃対象として考える思想は、長く航空戦略の表舞台から姿を消していた。なぜなら、大衆に受け入れられないことを、航空軍のメンバーたちが理解していたからだ。ルーズベルトが人道主義を掲げる中、一般市民を恐怖に陥れるという発想は、あまりに過激だった。独立を目指している航空軍にとって、アメリカ国民の評価は非常に重要であった。反感をもたれないように配慮される中で、道義的な問題を抱える戦術は、表向きは排除されていったのだ。

だが、追い求めてきた精密爆撃で成果を上げることができなくなると、その代替案となる戦略は、焼夷弾による無差別爆撃しか残されていなかった。アーノルドにとって、焼夷弾爆撃は、プランBとして常に頭の片隅に置かれていた最後の手段だった。

好都合だったのは、日本が無差別爆撃を行い、国際的な非難を浴びていたことだ。1938年から5年半にわたって行われた中国・重慶に対する爆撃。焼夷弾も使いながら、200回以上空爆が繰り返され、1万人以上が犠牲となっていた。これは、都市に継続的な無差別爆撃を行った史上初めての例だった。

重慶爆撃の惨状がアメリカ国内にも伝えられたことで、日本への空爆は当然だという空気が醸成されていった。先にルールを破ったのは、日本である。道義的なハードルが大きく下がったことで、悪魔の戦略が頭をもたげてきたのだった。

毒ガス攻撃も準備されていた

ここで、一つ振り返ってもらいたい文言がある。1922年にミッチェルが示した空爆戦略の一文だ。そこには、こう書かれていた。

「毒ガスはその土地に生きられなくするために使われ、焼夷弾は火災を発生させるために利用される」

焼夷弾だけでなく、毒ガスによる空爆も有効だと示しているのだ。焼夷弾は周到に準備されていたことがわかった。はたして、毒ガスはどうだろうか。ミッチェルの戦略を忠実に継承していたアーノルドらは、やはり準備していたのだろうか。改めて日本への空爆計画に目を通してみる。すると、その恐ろしい計画は見つかった。

『日本への報復のガス空爆計画』。1944年4月に作られていた。内容を読んで、背筋が凍った。おぞましい文言が、淡々と事務的に書き連ねられている。

「ガス攻撃計画の主な目的は、犠牲者を最大にすることである。交通機関や公共サービスを麻痺させ、通常の空爆による被害からの回復を困難にさせ遅延させる。そして、焼夷弾爆撃のためにターゲットをより脆弱にすることである」

「可能な限り最大の効果を達成するために、ターゲットは人口密集地域および戦争遂行能力を支える重要機関のある都市部に絞る」

「ガス攻撃が日中に行われる場合は、都市部で最も混雑しているビジネス街の中心部、人口が密集する住宅街、および工業地区が最適である。攻撃が夜に行われる場合は、人口が密集する住宅街が望ましい。斟酌を加えてはならない」

道義的な問題は全く考慮されていない。使用される毒ガスは、マスタードガスとホスゲンだった。どちらも第一次世界大戦で大量に使われ、多くの犠牲者を生み凄惨な結果を招いている。

標的にされていた都市は7つ。東京、横浜、川崎、名古屋、大阪、神戸、八幡。それぞれの都市の地図が添えられていた。焼夷弾の空爆計画と同様に色分けされ、赤、ピンク、白、そして黄色の4色だった。黄色についての説明は見当たらなかったが、すべて港湾部に塗られていた。毒ガス攻撃で得られる〝成果〟については、次のように説明されている。

「ターゲットとした都市の総人口は1450万人を超える。これは日本本土の総人口の4分の1をわずかに下回る数である。その全ての人が攻撃の影響を受けることになるだろう。労働者人口の大部分に犠牲者を出し、軍需品生産工場、通信、および輸送施設に被害を与え、使用不能にさせることにより、日本の戦争遂行能力は奪われるだろう」

1450万人以上の一般市民を明確に攻撃対象と定め、彼らが行動不能になることで戦争の継続を不可能にする。まさに、ミッチェルが書き記していた航空戦略と一致していた。まだ航空兵器も化学兵器も発展途上だった時代に構想された凄惨な空爆思想が、科学の発展とともに現実に落とし込まれていたのだ。この空爆作戦が実行されていたら、いったいどれほどの被害がもたらされたのだろうか。正直、想像もしたくない。

この空爆計画の表題には、「報復」という文言が盛り込まれている。しかし、何に対する報復なのかは明記されていなかった。戦況次第では、報復の解釈が変更され、この計画が実行に移されていた可能性も否定できない。

国や軍が追い詰められていったとき、倫理観の基準も変わっていく。焼夷弾爆撃への方針転換が証明するように、地滑り的に道義的な責任は薄れていき、容認される攻撃方法が拡大していくこともあるだろう。アーノルドら航空軍は、一般市民を標的とする非人道的な空爆戦略を常に準備していた。そのことが、いかに恐ろしいことか。その狂気と悪辣さに触れ、言いようのない戦慄を覚えた。

第8章　空爆はなぜ2000回にも及んだのか

地方の中小都市へも拡大した焼夷弾爆撃

東京大空襲で、日本に甚大なダメージを与えた航空軍。アーノルドやルメイは、攻撃の手を緩めることなく、大都市への焼夷弾爆撃を続けていた。それから3カ月が経った頃、空爆作戦に大きな変化が訪れる。

１９４５年6月17日の夜のことだった。突如、鹿児島の市街地に１００機を超えるB-29が飛来した。夜間の空襲によって２０００人以上がなくなった。これまでの空爆と何が違ったのか。それは、投下された爆弾が、大量の焼夷弾だったことである。これまで軍事施設の多い大都市にのみ行われていた焼夷弾爆撃が、地方都市である鹿児島で実行されたのだ。

この日を境に、ルメイは攻撃の矛先を地方の中小都市にまで向け始める。大牟田市、浜松市、四日市市、豊橋市、静岡市……わずか3日間の間に鹿児島を含めた6都市が焼き払われた。その後も、地方都市への焼夷弾爆撃が拡大し続ける。この方針の転換によって、日本の空爆被害は加速度的に広がり、都市は焼き尽くされていった。

なぜ、大都市だけでなく、地方都市までが攻撃対象になったのか。この時期に、それまでの方針をくつがえす出来事が、なにかあったに違いない。当時の航空軍の内部文書や当事者たちの証言の中に手がかりを求めた。

すると、肉声テープの中で、ルメイが気になることを話していた。ワシントンで指揮を執っていたはずのアーノルドが、わざわざB-29の現地基地・グアムを訪れていたことがあるというのだ。時期はいつなのか。調べてみると、驚くべき事がわかった。鹿児島空襲の直前、その5日前の6月12日だったのだ。ルメイの話によれば、アーノルドは、ルメイのグアムの自宅まで来ていたという。そして、ルメイの家のポーチで、空爆方針について会議が行われたと肉声テープで明かしていた。いったい、何が話し合われたのか。ルメイの言葉に耳を傾けた。

「そのときのやりとりを再現してみましょう。私たちは、アーノルドのためにブリーフィングを行いました。私たちがどんな作戦を行っているか、これからどんな計画を立て、何を成し遂げようとしているかを彼に説明しました。すると非常に驚いた様子で、こう言いました。『みんなに聞いている質問を君たちにもしよう。戦争はいつ終結するだろうか』。私たちは、そんなことについて考えたこともありませんでした。ここで空爆作戦を実行することで精一杯でしたから。すると彼はこう続けました。『何か良い案を出せるか考えてみよう』」

この頃、日本本土への上陸を目指していた陸軍と海軍は、ともに沖縄での戦闘にまもなく勝利しようとしていた。こうした状況下で、統合参謀本部では日本との戦争終結に向けた動きが加速。日本本土への上陸作戦が11月１日に決行される予定になっていた。この決定を受けて、アーノルドは、上陸作戦が始まる前に航空軍の力で戦争を終わらせることができないか、ルメイと直接相談するためにグアムまで来ていたのだった。

「私たちは、肉屋の売店で手に入れた包み紙に表を書いて、空爆のターゲットを書き出しました。もちろん紙が足りなくて切り貼りしながら、計画を立てました。私たちは、『9月の第2週目には、もうほとんどターゲットが残っていないだろう。ターゲットは残っていないのだから、戦争はこれ以上は続かない。だからきっと、10月１日までには確実に終わるだろう』という結論に達しました。この回答は、アーノルドの心を打ちました。アーノルドは、今が航空軍の絶大な力を示すチャンスだと考えていたのだと思います。陸軍や海軍の上陸作戦より前に本当に戦争を終わらせられると確信したのは、このときです」（カーチス・ルメイ、肉声テープより）

ルメイが最も信頼していた部下で、飛行隊長だったリチャード・モントゴメリーも、このポーチでの会議に同席していた。そのときのアーノルドの様子を証言していた。

「アーノルドは、とても喜んでいました。私たちが行おうとしていることを非常に魅力的に感じていました。最大限の情熱と歓喜で、私たちの計画に賛同していました。ですから、私たちは他の都市への空爆に力を注ぎ、ますます拡大させたのです」（肉声テープより）

犠牲者46万人

ルメイの自宅のポーチで行われた会議のあと、アーノルドに提出された焼夷弾の爆撃計画が残されている。タイトルは「小都市部の工業エリアへの攻撃について」（1945年7月）。計画書の冒頭に書かれた要旨に、航空軍の狙いが明確に記されている。

「6月15日の大阪爆撃をもって、優先ターゲットとして指示されていた10都市に壊滅的なダメージを与えることを達成した。爆撃効果の調査によると、都市に対する焼夷弾爆撃は、日本人にとって戦争を継続する上で耐えがたい、最も厳しい打撃であった。もし、我々が小さな都市への焼夷弾爆撃を続ければ、非常に有効な手段になる。そしてそれは、夏のうちに日本の戦争遂行能力を奪う決定的なチャンスを我々に与えてくれるだろう」

ルメイら航空軍は、自分たちの力のみで戦争を終結させる〝チャンス〟が来たとはっきり認識していた。そのために、焼夷弾爆撃の標的を日本全国の都市へと広げていったのだ。そしてそれは、B-29が戦争を終結させることに大きく貢献したと国民に示すことができる作戦でもあった。むき出しの狙いを綴った要旨のすぐ下には、攻撃目標として日本の都市の名前が列挙されていた。その数、実に180カ所にのぼる。リストの冒頭には、すでに焼夷弾で焼き払った大都市、東京、大阪、名古屋、横浜、神戸などが並ぶ。だが、リストの番号が末尾に向かうに従って、街の規模は小さくなっていく。飯田市（長野県）、丸亀市（香川県）、多治見市（岐阜県）、リストの最後の180番目は熱海市（静岡県）だった。いずれも当時の人口が3万人に満たないような小さな都市である。航空軍は、空爆のターゲットをほとんど軍需工場のない地方都市にまで拡大することで、日本を確実に降伏に追い込む戦略へと舵を切ったのだ。

ルメイはこの計画に沿って、激しい焼夷弾爆撃を地方の中小都市へと広げていった。一晩で、3都市、4都市を焼き払い続ける。この爆撃を継続することで、10月までに日本の戦争遂行能力を根こそぎ奪い取れると考えていた。そして、アーノルドは、この大規模な破壊によって、ルメイ1人で戦争に勝利できると確信するようになった。焼夷弾爆撃は、日本が降伏するまで続けられた。

その結果、何が起きたか。

1944年11月24日にハンセルが行った空爆を皮切りに、1945年8月15日の終戦までに、日本本土への空爆は約2000回も行われた。ほぼ全ての都道府県が攻撃対象となり、爆撃された地域は237カ所にものぼった。投下された焼夷弾の数は約2040万発。

一連の無差別爆撃の犠牲となった人々は、原爆による犠牲者を含めると、少なくとも45万8314人。焼夷弾爆撃が地方へと拡大した6月17日以降、犠牲者の数は膨れあがっていく。空軍独立という野望を掲げていたアメリカ陸軍航空軍は、その夢の実現のために、想像を絶する規模で無差別殺人とも言える空爆に手を染めていったのだ。

スティムソンの危惧

航空軍が日本に対して行っていた焼夷弾による無差別爆撃。その悲惨な被害の実態が、アメリカ国内でも生々しく伝えられると、次第に物議を醸すようになっていく。1945年5月30日のニューヨークタイムズは、その5日前に実行された東京への焼夷弾爆撃の惨状を次のような見出しで伝えた。「ルメイは〝東京は消えた〟と言った。12キロ四方にわたって焼き尽くされ、100万人が火の海で焼かれて死んだ」。

こうした記事を読んで、衝撃を受けた人物がいる。陸軍長官のヘンリー・スティムソンだった。スティムソンは、ニューヨークで弁護士、連邦検事として活躍した後、政治家へと転身。国務長官などを歴任していた。文民出身の陸軍トップであり、アーノルドにとっては、直属の上司にあたる人物だ。当時の彼の思いを記した日記や回想録が母校・イェール大学に保管されている。それによると、スティムソンはアーノルドの部下・陸軍次官のロバート・ラヴェットから、ヨーロッパで行ったような精密爆撃を維持する方針だと聞かされていたという。そもそも大量の焼夷弾を使用する空爆は、人道的側面から最高レベルでの決定が必要だと指摘されていた。

6月1日付けの日記には、アーノルドを呼び出し、詰め寄ったときの様子が書かれている。「私は、アーノルド将軍と日本に対するB-29の爆撃について議論した。私とラヴェットとの間では、日本に対しては精密爆撃のみを行うと約束されていたのだ。しかし、昨日の報道では、東京への攻撃はそれとはほど遠いものであることを彼に話した。私は事実が知りたかった。アーノルドは、『日本はドイツと違って、産業が分散していて小さな工場が従業員の居住地と隣接しているので、市民を殺傷せずに攻撃をするのは不可能だ。だが、それでも可能な限りの努力を続けている』と言った」。

スティムソンは、アメリカのイメージ低下を心配していた。「アメリカのフェアな行いと人道主義の評判は、来る平和な時代の世界の最も重要な要素である」と先を見据えた立派な道徳観を示している。

焼夷弾か原爆か

しかし、そのスティムソンでさえ、戦争中の倫理観はゆがんでいた。5日後の日記に驚くべき矛盾した考えを記している。「私は2つの点でこの戦争の将来を心配している。1つは、ヒトラーのような残虐行為を行うことで、アメリカの評判を落としたくない。もう1つは、新しい兵器が準備でき、その強さを証明する前に航空軍が日本を完全に爆撃でやっつけてしまうのではないか」。

ここでいう新しい兵器とは、開発中だった原子爆弾を指している。アメリカは、秘密裏に20億ドルという莫大な開発費を投資していた。そして国の首脳部は、B-29と全く同じ理屈で、その価値を証明しろと現場の科学者たちに迫っていた。原子爆弾の破壊力は、スティムソンの耳にも入っていた。だからこそ巨額の資金を提供したのだ。凄惨な被害をもたらすことになるとわかっていたにもかかわらず、原爆の威力を確かめる機会を求めていた。そのチャンスが、日本への投下だった。焼け野原に落としても効果は測れない。そう言っているのだ。

この頃、スティムソンは、焼夷弾爆撃で悲惨な被害を出し続けるよりも、新兵器の原爆を使うことを優先的に考えていた。のちに「原爆投下は数十万を超える日本人に死をもたらす決断だったが、それによって焼夷弾爆撃は止められた」と書き残している。空爆戦略史が専門のコンラッド・クレーン博士（アメリカ陸軍大学戦略研究所・首席研究員）は、こう指摘する。

「スティムソンの回顧録によると、彼が原爆の使用に賛成した理由の1つは、焼夷弾爆撃を止めるためでした。焼夷弾爆撃を行った乗組員は、燃えた人肉のにおいが染みつくため、飛行機を入念に洗わなければならなかったし、ガスマスクを付けなければ任務に当たれないほどでした。当時の日本に対して行われた空爆作戦において、越えてはならない道徳上の一線は、焼夷弾の使用であり、原爆の使用ではなかったのです」

実は、原爆の使用に対して航空軍は反対していた。アイラ・エイカーは、心臓発作で療養していたアーノルドからこう伝えられたという。

「アーノルドは私に『原爆を使用するかどうかといった案件が私の不在の間に浮上してくると思う。戦争終結のために原爆を使用する必要はない。それは通常の空爆作戦で成し遂げることができる。これが私の考えだ』と伝えてきた。私は実際にトルーマン大統領との会議の場で『アーノルド将軍は私と同様に、戦争に勝利するために原爆を使用する必要はないだろうと考えています。戦争終結に原爆投下は不要です』と伝えた」（肉声テープより）

新たな20万人の犠牲者

原爆投下の戦略爆撃を指揮するために7月にグアムに赴任したカール・スパーツも、原爆投下の必要性は感じていなかったと証言している。

「私は赴任してから、それまでにB−29による空爆が、日本にもたらした被害に関する報告書を読みました。そして私は『原爆を投下しなくても、日本は妥当な時間内に降伏するだろう』というメッセージを本国に送りました」（肉声テープより）

原爆投下の準備に協力するよう指令を受けたルメイの反応も素っ気ないものだった。

「原爆投下の２カ月前に説明を受けた。投下部隊の到着のためにテニアン基地の準備をしておかなければならなかったからだ。ただ、目の前の戦いで成果をあげることで忙しかったし、原爆にはあまり興味を持たなかった。原爆を使わなくても確実に戦争に勝てることはわかっていたからだ。

私は、それが地獄のビッグバンになるということしか知らなかったが、あまりに恐ろしくて使えないという理由で、多くの人々は核兵器の使用に反対していた。しかし、『我々は原爆を開発したし、それは兵器として使われるべきだ』という単純な論理に基づいて原爆は使われた。

実際、私は核兵器の使用についての道義的な問題のことは理解できない。原爆は他の兵器に比べたら特別に恐ろしいわけではない。実際、焼夷弾を使った日本への空爆で、私たちは原爆よりももっと多くの人を殺したのだから」（肉声テープより）

だが、こうした航空軍の意見が顧みられることはなかった。トルーマン大統領は、スティムソンらと協議した上で、原爆の投下を決断する。最終的な引き金を引いたのは、軍人ではなく、国民が選んだ指導者だった。

1945年8月。原爆は、B-29を指揮する航空軍の手によって投下された。6日に広島。9日に長崎。2発の原爆によって、20万もの人々が犠牲になった。

その6日後の8月15日、日本は降伏した。航空軍は、その圧倒的な力を見せつけたのだった。

しかし、アーノルドは、終戦をもたらしたのは、原爆ではないと振り返っている。

「不意の日本の降伏は、驚きを伴ってやってきた。我々は、おそらく4つの原子爆弾を落とさなくてはならないか、もしくはさらに爆撃隊を増員しB-29の空爆作戦を増やさなくてはならないと思っていたからだ。日本を降伏させたのは、2つの原爆だけではない。我々は通常爆弾と焼夷弾によって60の都市を爆撃し多くの人を殺した。我々のB-29は、ほとんどの産業を破壊し、重要な物資の補給を断ち切り、日本が戦争を遂行することを不可能にした。私たちにとっては、原爆が落とされようと落とされまいと、日本はすでに崩壊していたのだ」（自伝より）

一方、ルメイは、肉声テープの中で、原爆投下で戦争の終結が早まったと語っていた。

「確かに従来の兵器で戦争に勝つこともできたし、原爆がなくても日本は降伏したでしょう。ですが、それがいつになったかはわかりません。原爆を投下したことで、明らかに戦争の終結は早まりました。その観点から、原爆投下は意味があったと思います。将来の死を救うために、今、人を殺す勇気が必要だったのです」

日本は実質的に壊滅していたため、原爆投下に戦略的な価値はなかったと振り返るアーノルドと、それでも戦争の終結を早めることにはつながったと語るルメイ。原爆投下に関わった２人の軍人は、それぞれ異なる見解を示していた。私たちは、彼らの言葉をどう受け止めればいいのだろうか。釈然としない気持ちになるのは、２人とも道義的責任について、一切、触れていないからかもしれない。原爆使用の是非は、軍事戦略の側面からのみ判断するものではないはずだ。しかし、戦争を終わらせることが最大の目的となる中で、その手段はエスカレートしていった。

戦争は始めるより、終わらせる方が難しい。太平洋戦争末期、敗色濃厚だった日本。１年足らずの空爆で、46万人が命を落とした。

そして、戦争は終わった。

第9章　受け継がれる勝者の思想と戦略

独立を果たした航空軍

終戦から2年後の1947年。日本を焼き尽くしたアメリカ陸軍航空軍は、太平洋戦争での戦果が認められ、「アメリカ空軍」として独立を果たす。アーノルドら航空軍は、長年の悲願を達成したのだった。航空軍を率いたヘンリー・アーノルドは、最初にして唯一の空軍元帥に昇進する。〝空軍の父〟として後世に名を残すことになった。

ルメイは、アーノルドの功績をこう称える。

「戦争における彼の大きな功績は、航空軍を作ったことです。B-29は、彼が作った航空軍の一部になります。戦争以前には、私たちには何もありませんでした。1940年に私たちが航空軍を作り始めた頃、陸軍航空隊には1200人の現役士官と1万人の男たちがいました。その部隊を250万人にまで増員して訓練し戦闘に送り込んだことは、

素晴らしい成果でした」（肉声テープより）

だが、アーノルドは、空軍の独立を見届けることなく軍を去っていた。実は、終戦からわずか1年足らずの1946年6月に軍を退役していたのだ。体が限界を迎えていたからだった。戦争中に4度の心臓発作を起こすほど激しい重圧を背負っていたアーノルド。戦争終盤から入退院を繰り返し、思うように指揮を執れない日が増えていた。長年抱えてきた心臓病が悪化し、これ以上、軍務を続ける事ができない状態だった。航空軍の独立を夢見て、戦争へと臨んだアーノルドは、航空軍を率いるトップとして、その日を迎えることができなかった。それでも多大な貢献が認められ、議会の承認を経て、退役後に空軍元帥へと昇進していた。

アーノルドは、戦後、何を思っていたのか。太平洋戦争での自らの行いについて、多くを語らないまま表舞台から退いてしまった。退役後は、カリフォルニア州のソノマで牧場を経営し、穏やかな日々を過ごしていたという。亡くなったのは、終戦からわずか5年後の1950年。63歳だった。一緒に暮らしていた家族に話を聞くべく、私たちは改めて、孫のロバートさんを訪ねた。ロバートさんは、祖父・アーノルドの思いを代弁してくれた。

「空軍力を用いて戦争を終わらせることは、ミッチェルのアイデアであり、アーノルドら航空軍の全員が描いていた夢でした。祖父はミッチェルに『やったぞ！　君の望んでいたものを手に入れたぞ』と言っていたでしょう。祖父は夢の実現のために、持てるもの全てを使いました。しかし、その結果は想像を超えていました。あの戦争を戦うために、彼らは想定以上の兵器を手にし、それが生み出しうる結果は恐ろしいものでした。祖父ら空軍の人間は、予想以上のことを行ったのです。あの戦争は祖父にとって、もう二度と同じ経験をしたくないと思わせる経験となりました」

アーノルドが去ったあと、アメリカ空軍にはかつてないほどの追い風が吹く。戦後、アメリカは核兵器を保有する優位な立場を利用し、台頭するソ連を抑え込もうと「封じ込め」戦略をとるようになる。これにより、ソ連領土内に深く進攻して目標を核攻撃できる空軍の存在が重要視されるようになったのだ。

一転して、海軍の巨大空母の建設は中止され、陸軍には大幅削減のメスが入る。陸・海軍に取って代わるように、空軍力の増強に力が入れられた。核兵器を搭載できる大型爆撃機の開発などが進められ、空軍は核戦力の担い手となる。一気にアメリカの安全保障の中核に位置づけられ、軍内部で中心的役割を果たすようになっていったのだった。

ミッチェルが掲げてきた『敵国家の中枢を航空兵器で破壊し、敵の戦争遂行能力を奪い勝利する』という航空戦略は、〝核〟という最終兵器を手にしたことで一つの完成形となった。

空軍トップに立ったルメイ

一方、アーノルドの命令を受け、焼夷弾による無差別爆撃を実行したカーチス・ルメイ。空爆だけで勝利に導くという野望を実現し、空軍の独立に大きな役割を果たした。優秀な指揮官として名を馳せたルメイは、その後、どのような人生を歩んだのか。調べてみると、しっかりとアーノルドから航空軍の系譜を受け継いでいたことがわかった。終戦から16年後の1961年に、空軍参謀総長に就任していたのだ。かつてのアーノルドと同じ、空軍トップの地位である。ルメイは、空軍参謀総長として、核兵器を搭載する大陸間弾道ミサイルの開発に注力し、空軍の立場を確固たるものにしていった。しかし、そのことで世界は大きく変貌する。軍拡競争が勃発。数千基もの核ミサイル配備は、核戦争の危機と隣り合わせの「恐怖の均衡」をもたらした。地球上には、いまも1万3000発もの核弾頭が存在すると言われる。私たちは常に、世界が破滅するリスクを背負いながら生きるようになってしまった。

　また、ルメイはベトナム戦争において、ナパーム弾などを使った空爆を繰り返し、再び空軍力によって多くの民間人の犠牲者を生んでいる。

　ルメイは戦後、焼夷弾による日本への無差別爆撃について、非人道的な空爆だったとアメリカ国内でもしばしば非難されてきた。ルメイ本人は、そのことをどう受け止めていたのか。今回、ルメイにはたった1人の孫がいると知り、取材を申し込んだ。だが「私たちは祖父の代から、基本的に取材を受けないように何度も言われてきているので、家族の方針としてお受けできません」と断られてしまった。それでも「ルメイの肉声テープが出てきたので、彼の思いを率直に知りたい」と改めてお願いすると、食事を一緒にする機会を設けてくれた。私たちは、ネブラスカ州オマハへと向かった。

　約束の日、彼は黒のミニクーパーに乗って現れた。ルメイの孫、チャールズ・ロッジさんは、大柄で、狭い運転席から出るのはちょっと苦しそうだった。挨拶を交わしたついでに、もっと大きな車にしたらどうかと聞くと、「この車が好きなんだ」と笑顔で答えてくれた。普段、車のメンテナンスの仕事をするロッジさんは、高所恐怖症で飛行機には乗れないという。

食事の席で彼は、今回私たちに会うことにした理由を話してくれた。

「祖父が残していた肉声テープがあると知り、とても興味が湧いたんです。これまで軍を通して申し込まれた公式の取材以外は断ってきましたが、それでも祖父について、個人的な視点から何かお話することが必要なのかも知れないと思い直しました。今回がそのチャンスかも知れないと思ったのです」

冷血なイメージへの違和感

ロッジさんは、祖父・ルメイとの思い出の写真をたくさん持ってきてくれていた。そこには、見たことのない柔和な表情をするルメイの姿があった。孫と並び笑顔で釣りをする姿、観光地で孫の肩を抱く姿、プールではしゃぐ姿……。どこにでもいる孫をいとおしむ〝普通のおじいちゃん〟だった。ロッジさんは、笑いながら、普段のルメイの様子を教えてくれた。

「祖父が全然笑わない男だというのは、ウソなんです。公の写真で、祖父が笑顔で写っているものはありませんけどね。家ではいつも冗談を言っていました。ユーモアのセンスもあったんです。私には、いつもいろいろな経験をさせたりして、そのことを楽しんでいるようでした。飛行機の操縦が好きだったので、私が乗れないことをいつも残念がっていました」

ロッジさんは、非人道的な空爆は全て祖父の責任であるという見方がされることに、これまでずっと違和感を抱いてきたという。

「祖父が冷血な殺人者だというイメージはメディアが作ったものです。祖父の仕事には、多くの人がそうであるように自分たちより上の立場の人たちがいます。軍の上層部の人たち、そして国の指導者に対して、果たすべき責任があります。祖父が仕えていた相手、特に自国の国民に対してはもっと大きな責任がありました。そのことを人々が理解することは、とても大事なことだと思います。非常に重要です。それは楽な立場ではありません。どんな命令が下されても、それに従ってやらなければならないのですから……」

そして、我々が持ち込んだ肉声テープに聞き入った。かつて自分に語りかけてくれたときと同じ話し方だと、祖父の声を懐かしんだ。

〈私の手を握ってくれる人は誰もいませんでした。この状況だったらそうしてくれる人は誰もいないでしょう。そこでの仕事は、それはそれは孤独なものです。自分一人で決めるのです。戦争では、破壊をしなければいけません。B‐29で良い結果を残し、陸軍

と海軍に見せつけなければなりません。ですから、私は過激なことをするつもりでした〉

　このルメイの言葉を聞き、涙ぐんでいた。

「祖父は、誰かがやらなければならないなら自分が実行しなければならないと思ったのです。祖父は、組織の指揮系統を非常に重視する、そういう人でした。それぞれ自分の役割があって、その役割から逸脱するべきではないと思っていました。ですから、何をすることになっても、全力で実行しました。

　私が思うのは、戦争は非常に厳しいものだということです。どちらの側にいたとしても、やらなければならない仕事があります。私は、祖父がどんな人間だったか知っています。ですから、祖父が死傷者を最小限に抑えるということを重視しなかったとは思えません。戦争が長引いたら、どれだけの被害が出ていたかは、誰にも分からないことですから」

　航空軍が戦果を上げるためには、誰かがやらなければならない。ルメイは、組織に求められた役割を実行した。それは戦争を終結させるために必要なことだと信じていたのだろう。国同士が人を殺し合う戦争において、国家の命令に従って実行した作戦の責任は、どこにあるのか。もちろん、現場の人間にも責任はあるだろう。だが、彼らだけに背負わせる話ではないはずだ。責任を負うべきなのは、誰なのか。軍の上司か、大統領か、それとも国という総体なのか。

ルメイへの叙勲

取材を続ける中で、空軍士官学校の特別資料室から一本のビデオテープが見つかった。ラベルには、手書きでカーチス・ルメイと記されている。再生してみると、白黒の映像が映し出された。集まった若者たちに1人の老人が語りかけている。よく見ると、それは年老いたルメイだった。1970年代に行われた士官学校の生徒に対する特別講義の記録。ルメイは講師として登壇し、自身の戦争観を語っていた。

「戦争は恐ろしいものだ……。戦争は馬鹿げているのだ……。しかし、国と国の調整がつかなくなったとき、その解決方法は戦争以外に、まだ見つかっていない。私は、戦争が問題解決の方法として良いとは思わない。もっと他の方法があるはずだ。だが、戦争を方法として使用することを余儀なくされるとき、できるだけ早く戦争を終わらせるべきだと思う。それが、長い目で見たときに結果的に人々の命を救うことになり、一番犠牲が少なくなる。だから、戦争が始まれば徹底的にやっつけるしかないのだ」

一度戦争が始まれば、迅速に終わらせるために手を尽くすことが最善策となる。ルメイは、信念に従って日本へ空爆を行い、その結果として46万人の命が失われた。そして、その事実が日本だけに置き去りにされ、76年経った今も、誰もその責任と向き合おうとしていない。

太平洋戦争の終結から20年後。ルメイは、かつての敵国・日本を訪問することになる。日本政府から思わぬ申し出を受けたのだ。勲一等旭日大綬章の授与だった（重要閣僚などが受賞する旭日大綬章に相当する）。当時、アメリカ空軍トップの参謀総長を務めていたルメイは、「航空自衛隊の育成に協力した」ことが評価された。そのときのことを肉声テープで語っていた。

「退役する直前でしたが、日本に赴いた時に勲一等旭日大綬章をいただきました。それについては日本国内でも国会内でも反対意見がありましたが、元航空幕僚長の源田氏が決定を擁護してくれました。受賞の時に記者会見を行いましたが、日本の記者団の質問の1つが非常に丁寧だったことが印象的でした。彼らの私に対する接し方に心から驚かされました。私は原爆について質問されました。『今、何年も経って、倫理面などから見て原爆を投下すべきだったと思うか？　もう1度同じ事をするか』と。私は『原爆がいかに強大な兵器だったとしても、投下によって戦争を短縮することができ、長期的には多くの命を救うことになったと信じている』と応えました。日本人は、この回答を受け入れました。一方で、一部の人たちは受け入れず、私を虐殺者に仕立て上げようとしました」

今も精密爆撃を追い求める空軍

ワシントンD.C.の郊外にある国立航空宇宙博物館（別館）は、広島に原爆を落としたB-29「エノラ・ゲイ」から日本の特攻兵器「桜花」、20世紀後半に人気を博した映画『トップガン』で有名なジェット機など200を超える世界中の飛行機を展示し、航空機の歴史の変遷を伝えている。

ここで館内を案内するツアーに参加すると、〝航空戦略の創始者〟としてある銅像が紹介される。「彼は悲劇の軍人です。私たちの国がまだ空軍力の秘めた力に気付いていなかったころに、その重要性を訴え、そして軍を追われました。しかし、今、彼のビジョンは形になり、アメリカは世界一の空軍国になりました。空軍の基礎を築いた人物です」。悲劇の軍人とは、ウィリアム・ミッチェルのことである。国立航空宇宙博物館には、ミッチェルの銅像が建っているのだ。

アーノルドからルメイへと受け継がれた航空戦略の提唱者、ウィリアム・ミッチェルは、戦後、再評価がなされた。終戦から1年後の1946年には、死後にもかかわらず、議会から特別栄誉勲章を授与された。失っていた軍籍も取り戻し、名誉を回復している。故郷・ウィスコンシン州ミルウォーキーには「ジェネラル・ミッチェル」空港という名前を冠した国際空港まで作られ、空港内には、ミッチェルの功績を称える小さな博物館まで設けられている。

「敵国家の中枢を航空兵器で破壊し、迅速に戦争を終わらせる」というミッチェルの思想は、今も、アメリカ空軍の航空戦略の根幹として脈々と受け継がれている。かつてハンセルが日本への空爆でなし得なかった「精密爆撃」を、いま、高度な情報通信技術を発展させる中で、再び追い求めているのだ。今日では、多様な情報収集センサー、全地球測位システム（GPS）による精確な位置情報、高性能の無人機の導入、そして大容量の通信ネットワークを利用した指揮統制システムなどを駆使することで、理論の域をでなかった「精密爆撃」が現実のものとなってきた。日々進化する科学技術によって、かつてない精度で標的をピンポイント爆撃することが可能になっているという。

だが、戦争史を研究するノースウェスタン大学の名誉教授、マイケル・シェリーさんは、技術がどれだけ進化しようと、戦争がもたらす結果は変わらないと警告する。

「現代の空軍力は、より正確で洗練されているという話がある。しかし、それはかつて第二次世界大戦前に、多くの空軍推進派が『我々なら、第一次世界大戦で起きた虐殺を回避し、より速く、より人道的に戦争を終えられる』と言って騙したのと同じ事です。彼らの主張を信じて、第二次世界大戦のような虐殺は二度と起こらないだろうと期待することはできない。もし大国同士が再び戦争を始めれば、いくら技術が洗練されていても、先の戦争と大した違いが生じず、核兵器など新たな兵器が投入され、結局、都市は壊滅状態になるでしょう」

100年あまり前に、小さな組織から始まったアメリカ空軍は、いまや並ぶ存在のないスーパーパワーへと大きな変貌を遂げた。空軍力を証明するために焼き尽くされた日本では、46万もの人々が犠牲となった。もたらされた凄惨な被害は、アメリカ空軍の想定をも越えていた。

しかし、戦争に勝利したあと、76年たった今も、被害を生んだ攻撃を検証し、反省することはなかった。勝者は、自らの理屈を正当化し、悲劇を引き起こした戦略は、連綿と受け継がれている。ひとたび戦争が始まれば、想定通りに進むことはない。

戦争とは、何をもたらすのか。忘れてはならない問いが、今も突きつけられている。

おわりに

「結果を出さなければならなかった」

男は、何度も同じ言葉を繰り返した。

カーチス・ルメイの肉声テープを初めて聴いたとき、企業犯罪に手を染めた社員の言葉と重なった。かんぽ生命保険の不正販売、東芝の長期に及ぶ不適切会計、自動車などの製造業で相次いだデータ改ざん問題……。「結果」「利益」「成果」を求められるとき、組織の理屈と社会の倫理の狭間で苦しみながら、一線を越えてしまう。それが戦争活動で起こると、何がもたらされるのか……。

アメリカの航空部隊の願いは、「独立」することだった。〝自分たちを正当に評価して欲しい〟〝自分たちはもっと活躍できる〟。飛行機に魅せられた若者たちは、より良い組織を作ることを目指していただけのはずだった。その思いは、軍のしがらみの中で鬱屈していき、歪んだ形で蓄積していった。航空部隊という組織の発展のみが至上命令となったとき、道義的責任は脇に追いやられていく。望んでいた「独立」を手にするために、空爆作戦は倒錯していった。本来、理想として掲げていた精密爆撃を捨て、焼夷弾爆撃へと舵が切られた。すべては「結果」を残すためである。

アーノルドは「結果」を求め続けた。精密爆撃に固執したヘイウッド・ハンセルは、即刻クビを切られてしまった。組織の中間管理職だったルメイは「誰かがやらなければならないのなら自分がやる」と自己犠牲の精神を示した一方で、倫理的な問題からは「目を背けなければならない」と考えることを放棄した。その結果、日本では46万もの人々が非業の死を強いられ、その何倍もの市民が傷つき、深甚な悲しみを抱えることとなった。

企業が行った不正が明るみに出れば、その多くは検証が行われる。しかし、国や政府の不正、そして戦争ではどうか。

日本に対する空爆について、アメリカで検証が行われることはなかった。戦争の勝者の理屈に照らせば、正当な理由はいくらでもあるのだろう。道義的な責任を問われることはない。

戦争は、恐ろしい。長引けば長引くほど倫理観は薄れていき、凄惨さを増していく。言うまでもないことかもしれないが、アーノルドもルメイも、彼らの家族に話を聞けば、穏やかな優しい人間だった。アメリカ空軍将校の一人一人もきっと同じである。それぞれが「正しい」と信じて行った行為が、戦争では悲劇を生んでいく。

空軍将校246人が残した肉声の中に、反省の言葉は一つも聞かれなかった。

あとがき

書籍化のお話をいただいたとき、何かの間違いだと思った。なぜなら、その番組が放送されたのは、もう3年も前のことだったからだ。正直、制作した本人すら、番組のことを忘れかけていた。この3年間に一体、何があったのだろうか。突然、届いたメールの中身を、驚きと共に何度も読み返してしまった。

メールをくださったのは、新潮社の安河内龍太氏だった。聞けば、3年前の初放送以来、毎年夏に再放送されていたこの番組を、たまたま毎年見かけ、そのたびに書籍化の思いを募らせてくださっていたという。とてもありがたい話だと喜び、そして、なんて稀有な方がいるのだろうと感動してしまった（ちなみに、再放送された番組の視聴率は1％に満たない）。放送から時間が経過していたこともあり、あまり自信がなかった私は、ついつい余計なことを聞いてしまう。「あんまり売れるような話は書けないと思うんですけど……」。すると、安河内氏は忘れられない一言を、力強く言い切ってくださった。「いいんです、売れなくて。是非、本に残すべき話だと思っているので」。前半部分はともかく、後半の使命感にも似た言葉に心を打たれた。絶対書きたい。3年前の記憶を全力で手繰る作業が始まった。実は、万が一に備えて、当時の資料はすべて保管してあった。そのことすら忘れかけていたのだが……、とにかく安河内氏の言葉に突き動かされ、放送から4年の歳月を経て、こうして形にすることができた。

この本は、2017年8月に放送した「BS1スペシャル『なぜ日本は焼き尽くされたのか』」の取材をもとに、番組では紹介しきれなかった事実や情報を大幅に加筆したものである。実は、〝興味深いけど番組には入りきらない〟と泣いて落とした話がたくさんあった。そのまま私のデスクに埋もれてしまっていた貴重な話を、改めて拾い集め、一冊の本としてまとめ直したのだ。書籍化の機会がなければ、日の目を見ることなく、死蔵されていただろう。本として形に残すことができたことは、大変光栄であり、意義深いことだったと感じている。決してヒットしそうな話ではないにもかかわらず、書籍化の話を実現してくださった安河内氏の温かい眼差しに心から感謝したい。

番組もまた、多くの方々のお力添えがなければ制作することができなかった。中でも、取材に関しては、アメリカ・ニューヨーク在住のジャーナリスト、山田功次郎氏の尽力がなければ、ここまで深めることはできなかった。アメリカ空軍への取材は、彼の築き上げてきた人脈や交渉力、見識によって成立したものである。敬意とともに、改めて感謝の言葉を申し上げたい。さらに、過去の出来事を描くという難しい映像表現を可能にしたのは、岡野崇カメラマンの力量によるところが大きい。静謐でありながら鋭いメッセージを込めた彼の映像に、恥ずかしながら、ただただ感嘆するばかりだった。膨大な過去の資料映像と向き合い、映像を再構築してくれたのは、編集の藤原文彦氏である。何気ない過去の映像に視座を与え、岡野カメラマンの撮影した映像と組み合わせることで、新たな意味を付加してくださった。そして、このテーマに取り組むことに賛同し、番組の立ち上げから放送まで一貫して支えてくださった内田俊一チーフ・プロデューサーには、特にお世話になった。番組の方向性から細部に至るまで、多角的に助言・指導いただいた。内田プロデューサーなくして、この番組は存在しなかった。また、番組全体そして本書の執筆にまでご協力くださった元防衛大学校教授の源田孝氏には、この分野の専門家として様々な形で貴重なアドバイスをいただいた。お力添えに御礼申し上げたい。

ここには書き切れない多くの制作スタッフの方々にも、感謝の言葉しかない。

この本は、80年近く前の戦争を題材にしているが、すべて現代の私たちにも通じる問題だと思いながら執筆した。複数の人間の集合体である〝組織〟は、ときに方向性を見誤る。細分化される責任、倒錯する目的の正当化、過度な外部からの重圧など、組織に属したことのある方であれば、大なり小なり、経験したことがあるのではないだろうか。

こうした問題は、当然、戦争遂行中の軍でも起こりうる。そのとき、取り返しのつかない被害がもたらされないか。いま、多くの大国が核兵器を手にしている。戦争では、地滑り的に道義的な責任は薄れていく。同じ過ちを繰り返さないためには、何が必要なのか。改めて考え続けていきたい。

参考文献

カール・バーガー、中野五郎・加登川幸太郎訳『B29 日本本土の大爆撃』サンケイ新聞社出版局 1971年
カーチス・E・ルメイ、ビル・イェーン、渡辺洋二訳『超・空の要塞：B-29』朝日ソノラマ 1991年
ロナルド・シェイファー、深田民生訳『アメリカの日本空襲にモラルはあったか』草思社 1996年
E・バートレット・カー、大谷勲訳『東京大空襲』光人社NF文庫 2001年
源田孝『戦略論大系⑪ミッチェル』芙蓉書房出版 2006年
源田孝『アメリカ空軍の歴史と戦略』芙蓉書房出版 2008年
荒井信一『空爆の歴史』岩波書店 2008年
NHKスペシャル取材班『ドキュメント 東京大空襲』新潮社 2012年
NHKスペシャル取材班『本土空襲 全記録』角川書店 2018年
William Mitchell, *SKYWAYS*, Philadelphia and London, 1930.
H. H. Arnold, *Global Mission*, New York, 1949.

Curtis E. LeMay, MacKinlay Kantor, *MISSION WITH LeMAY,* New York, 1965.

Ronald Schaffer, *WINGS OF JUDGMENT,* Oxford New York, 1985.

John W. Huston, *AMERICAN AIRPOWER COMES OF AGE General Henry H. "Hap" Arnold's World War Ⅱ Diaries,* Maxwell Air Force Base, Alabama, 2002.

Warren Kozak, *CURTIS LEMAY,* Washington, DC, 2009.

Mark Clodfelter, *BENEFICIAL BOMBING,* UNIVERSITY OF NEBRASKA PRESS·LINCOLN·LONDON, 2010.

Conrad C. Crane, *American Airpower Strategy in World War Ⅱ,* University Press of Kansas, 2016.

ＢＳ１スペシャル
「なぜ日本は焼き尽くされたのか　～米空軍幹部が語った“真相”～」
（2017年８月13日放送）
【衛星放送協会オリジナル番組アワード最優秀賞受賞】

取材協力	源田　孝
語り	宗矢樹頼
	松岡洋子
撮影	岡野　崇
音声	類家　翔
音響効果	四元裕二
編集	藤原文彦
取材	山田功次郎
	市川　光
リサーチャー	中里雅子
ディレクター	鈴木冬悠人
制作統括	内田俊一
	古庄拓自

鈴木冬悠人　1982年生まれ。慶應義塾大学法学部卒業。NHKグローバルメディアサービス報道番組部ディレクター。主な制作番組は「なぜ日本は焼き尽くされたのか」「よみがえる悪夢」など。

Ⓢ新潮新書

917

日本大空襲《にほんだいくうしゅう》「実行犯《じっこうはん》」の告白《こくはく》

なぜ46万人《まんにん》は殺《ころ》されたのか

著者　鈴木冬悠人《すずきふゆと》

2021年8月20日　発行

発行者　佐藤隆信

発行所　株式会社 新潮社

〒162-8711　東京都新宿区矢来町71番地
編集部(03)3266-5430　読者係(03)3266-5111
https://www.shinchosha.co.jp

装幀　新潮社装幀室

印刷所　錦明印刷株式会社

製本所　錦明印刷株式会社

© Fuyuto Suzuki 2021, Printed in Japan

乱丁・落丁本は、ご面倒ですが
小社読者係宛お送りください。
送料小社負担にてお取替えいたします。

ISBN978-4-10-610917-1　C0221

価格はカバーに表示してあります。

Ⓢ新潮新書

820
ケーキの切れない非行少年たち
宮口幸治

835
老人の美学
筒井康隆

837
ドル・人民元・リブラ
通貨でわかる世界経済
中條誠一

857
昭和史の本質
良心と偽善のあいだ
保阪正康

867
日本人はなぜ自虐的になったのか
占領とWGIP
有馬哲夫

認知力が弱く、「ケーキを等分に切る」ことすら出来ない――。人口の十数%いるとされる「境界知能」の人々に焦点を当て、彼らを学校・社会生活に導く超実践的なメソッドを公開する。

人生百年時代にあっても、「老い」は誰にとっても最初にして最後の道行きだ。自分の居場所を見定めながら、社会の中でどう自らを律するか。リアルな知恵にあふれた最強の老年論！

物の取引のツールだったお金（通貨）が、逆に経済全体を動かすようになってしまった現在。主役としての通貨を理解すれば、一見複雑怪奇な世界経済の構造が、スッキリわかる！

ファシズム、敗戦、戦後民主主義……昭和はいったい何を間違えたのか。近現代の名文を手掛かりに多彩な史実をひもとき、過去から未来へと連鎖する歴史の本質を探りだす。

罪悪感を植え付けよ！　メディアを総動員し、法や制度を変え、時に天皇まで利用――占領軍が展開した心理戦とWGIPとは。公文書研究の第一人者が第1次資料をもとに全貌を明かす。

新潮新書

868
スマホ料金はなぜ高いのか
山田明

「スマホ料金4割値下げ」はどこへやら、高止まりする日本の通信料金の裏には、大手3社による寡占市場と官民癒着の構図がある。通信業界のエキスパートが徹底解説！

873
番号は謎
佐藤健太郎

郵便番号はどう決まる？　交響曲マイナス1番とは？　上野駅13・5番線はどこへ向うの？　さまざまな番号のウラ事情を徹底調査。面白くてためになる「番号」の世界！

882
スマホ脳
アンデシュ・ハンセン
久山葉子訳

ジョブズはなぜ、わが子にiPadを与えなかったのか？　うつ、睡眠障害、学力低下、依存……最新の研究結果があぶり出す、恐るべき真実。世界的ベストセラーがついに日本上陸！

885
ブラック霞が関
千正康裕

朝七時、仕事開始。二七時二〇分、退庁。官僚のブラック労働を放置すれば、最終的に被害を受けるのは我々国民だ。霞が関崩壊を防ぐ具体策を元厚労省キャリアが提言。

771
逃げられない世代
日本型「先送り」システムの限界
宇佐美典也

2036年、「先送り」でしのいできた日本に限界が来る。年金、保険、財政赤字から安全保障まで、システム破綻は回避できるのか。危機の本質を若手論客が描き出す、画期的論考。

Ⓢ新潮新書

822 **憲法学の病** 篠田英朗

「憲法学通説」の正体は、法的根拠のない反米イデオロギーだ！　東大法学部を頂点とする「ガラパゴス憲法学」の病理を、平和構築を専門とする国際政治学者が徹底解剖する。

831 **女系図でみる日本争乱史** 大塚ひかり

応仁の乱、関ヶ原合戦、戊辰戦争……日本の命運を分けた争乱を「女系図」でみていけば、み～んな身内の相続争いだった！　この1冊で日本史がスッキリ判る。

846 **「反権力」は正義ですか** ラジオニュースの現場から 飯田浩司

「権力と闘う」己の姿勢に酔いしれ、経済や安全保障を印象と感情で語る。その結論ありきの報道は見限られてきていないか。人気ラジオパーソナリティによる熱く刺激的なニュース論。

911 **陶芸は生きがいになる** 林 寧彦

そうだ、陶芸やろう！　普通の会社員、プロ陶芸家になる。無趣味だった著者は、週末だけ陶芸教室に通い始めて……。自らの経験をもとに、陶芸の喜びを丸ごと紹介する。

169 **貝と羊の中国人** 加藤 徹

財、貨。義、善。貝と羊がつく漢字には、二つの祖先から受け継いだ中国人の原型が隠れている。漢字、語法、流民、人口、英雄、領土、国名の七つの視点から読み解く画期的中国論。

Ⓢ新潮新書

786
墓が語る江戸の真実
岡崎守恭

悪女と恨まれた側室と藩主の絆（鹿児島・福昌寺）、後継ぎの兄よりも弟の自分を愛してくれた母への思い（高野山奥の院）……。墓を見ればわかる、江戸時代の愛憎と恩讐の物語十話。

855
日中戦後外交秘史
1954年の奇跡
加藤徹
林振江

第二次大戦後、まだ日中が「戦争状態」だった時代。数万人の残留邦人を救ったのは、一人の中国人女性だった——。戦後史の中に埋もれていた秘話を丹念に掘り起こす。

888
2021年以後の世界秩序
国際情勢を読む20のアングル
渡部恒雄

米大統領選に言及するまでもなく、混迷する国際情勢の行方は、これまでの間尺ではもはや見通すことができない。新たな時代の世界秩序を読み解く20の視点を、第一人者が提示する。

895
認知症の新しい常識
緑慎也

2025年には国内患者数700万人に。決定的な治療薬がないこの病気に、私たちはどう向き合えばいいのか。創薬、治療法、予防法、心構え……。あらゆる角度からの最新情報！

763
神武天皇vs.卑弥呼
ヤマト建国を推理する
関裕二

「神武天皇は実在していないでしょ?」。そこで立ち止まってしまっては、謎は永久に解けない。『日本書紀』と考古学の成果を照らし合わせて到達した、驚きの日本古代史！

新潮新書

902
古代史の正体
縄文から平安まで
関裕二

「神武と応神は同一人物」「聖徳太子は蘇我入鹿」など、考古学の知見を生かした透徹した目で古代史の真実に迫ってきた筆者のエッセンスを一冊に凝縮した、初めての古代通史。

872
国家の怠慢
高橋洋一
原英史

新型コロナウイルスは、日本の社会システムの不備を残酷なまでに炙り出した。これまで多くの行政改革を成し遂げてきた二人のエキスパートが、問題の核心を徹底的に論じ合う。

806
岩盤規制
誰が成長を阻むのか
原英史

今日まで我が国を縛ってきた岩盤規制。官僚とマスコミは、それをどう支えたのか？　今後の日本経済の浮沈との関わりは？　霞が関改革を熟知する男が、暗闘の全てを明かす。

814
皇室はなぜ世界で尊敬されるのか
西川恵

最古の歴史と皇族の人間力により、多くの国々から深い敬意を受けている皇室は、我が国最強の外交資産でもある。その本質と未来を歴史的エピソードに照らしながら考える。

898
中国が宇宙を支配する日
宇宙安保の現代史
青木節子

宇宙開発で米国を激しく追い上げる中国は、その実力を外交にも利用。多くの国が軍門に下る結果となっている。覇者・米国はどう迎え撃つのか？「宇宙安保」の最前線に迫る。